30.07.2025

Colin,

Ventoux dans l'âme, nous l'avons tous ici, comment faire autrement ?
Et il continue de fasciner aussi les voyageurs qui y reviennent... allez, on t'embarque grâce à Stéphane Ropa dans une valse suspendue dans les airs, dans la lumière autour de ce mastodonte minéral et tout en poésie.
Bon voyage au gré de ces pages.
Bisous Laure

CW01678309

Tel le Ventoux

Tu es fascinant, beau, grand et fort comme un roc.

Bonne lecture et prends en plein les mirettes !

Bises Laurent.

Ventoux dans l'âme

Stéphane Ropa

VENTOUX DANS L'ÂME

Préface de Maxence Fermine

Éditions des Offray

Stéphane Ropa : www.stephaneropa.com

34, chemin du Rigagnon, 84190 la Roque-Alric
www.editionsdesoffray.fr

ISBN : 978-2-490638-27-7

Préface

C'était en février 2021, en plein confinement. Lors d'une escapade dans les vignes provençales en compagnie de ma femme, je postai une photo sur Instagram. En retour, je reçus une invitation : « Vous êtes à côté de chez moi, pourquoi ne pas me rendre une petite visite ? » Son auteur était Stéphane Ropa, photographe, comédien, metteur en scène installé à Vaison-la-Romaine. Son nom ne m'était pas inconnu puisqu'il avait, une décennie plus tôt, en compagnie de son acolyte Saverio Maligno et de quelques Ch'tis, porté mon premier livre, Neige, *au théâtre.*

Que faisait un gars du Nord en terre de Provence ? Confinement oblige, le temps était compté, mais l'invitation tentante, d'autant que je n'étais plus retourné à Vaison depuis bien longtemps, peut-être l'enfance, et que ma femme ne connaissait pas le lieu. Après une visite de la ville ancienne, nous nous arrêtâmes donc à l'Atelier, le lieu emblématique de l'artiste, le temps de prendre un café. À peine nos regards se sont-ils croisés que les premiers fils de l'amitié se sont tissés. Deux poètes venaient de se trouver, pour le meilleur et pour le rire.

L'été suivant, Stéphane vint nous rendre visite en Savoie. Ce fut le début d'une grande aventure humaine et artistique que rien ne semble arrêter. Depuis, nos destins sont liés, par l'amitié autant que par les projets. Films, spectacles, livres, tout nous vient à l'esprit avec une aisance déconcertante dès que nous confrontons nos idées. Parfois en commun, parfois en solitaire, ainsi pour ce magnifique ouvrage que vous tenez en main, à mi-chemin entre la photographie et la poésie, et qui est l'œuvre de Stéphane, prouvant s'il était besoin son talent de photographe et d'auteur.

Ce qui est certain, c'est que nous n'aurons pas assez d'une vie pour tous les concrétiser, ces beaux projets, à moins de devenir immortels. Ce qui est du domaine du possible puisque notre amitié risque de durer le temps d'une éternité.

Maxence Fermine

« Les montagnes puisent leur force dans la terre,
le Ventoux, lui, reçoit la sienne du ciel. »

BERNARD MONDON, *Ventoux versant littéraire*

Avant-propos

En 1999, j'ai vingt-deux ans. Je quitte mon Nord natal dans un TGV à destination d'Avignon. Dans la gare de la cité des Papes, un homme vient me chercher. Nous prenons ensemble la direction de Vaison-la-Romaine où je vais travailler pour la saison d'été.

Je n'ai jamais oublié mes premières sensations lorsque nous sommes arrivés à la hauteur de Sablet, puis de Séguret.

L'air qui pénétrait dans la voiture était si différent de celui que je connaissais. Les paysages que j'apercevais me donnaient le vertige. Ils m'enivraient. J'ai été alors pris d'un sentiment nouveau et d'une joie débordante.

Il apparut, magistral, sublime et irréel : le mont Ventoux. J'ignorais encore à cet instant que ma vie allait se dessiner ici, à ses pieds.

Quelques années plus tard, la montagne a fait naître en mon esprit le désir d'être vivant.

Il me semble aujourd'hui qu'il n'est d'autre regard que celui de l'amour, de l'émerveillement.

La photographie est un média idéal pour témoigner de ces moments où la nature me traverse. Ces instants sont si vastes lorsque la conscience s'éveille qu'ils semblent des feux d'artifice alignant l'être, l'âme, le cœur.

J'écris en écho à ces clichés, et rends grâce à cette beauté.

Cette démarche m'invite tant à un mouvement intérieur-extérieur, et *vice versa*, qu'à écouter au quotidien fleurir en moi la foi en la vie.

Stéphane Ropa

Magnétique Ventoux

Debout à ta cime, je t'écoute.

Ton mystère sauvage et spirituel me traverse.

J'entends ta voix, puissante, vaste…

Celle-là même qui éclaire mon cœur.

La vie se renouvelle dans ton immensité.

On ne repart jamais de toi comme on y est arrivé.

On revient de toi comme l'on égrène un chapelet.

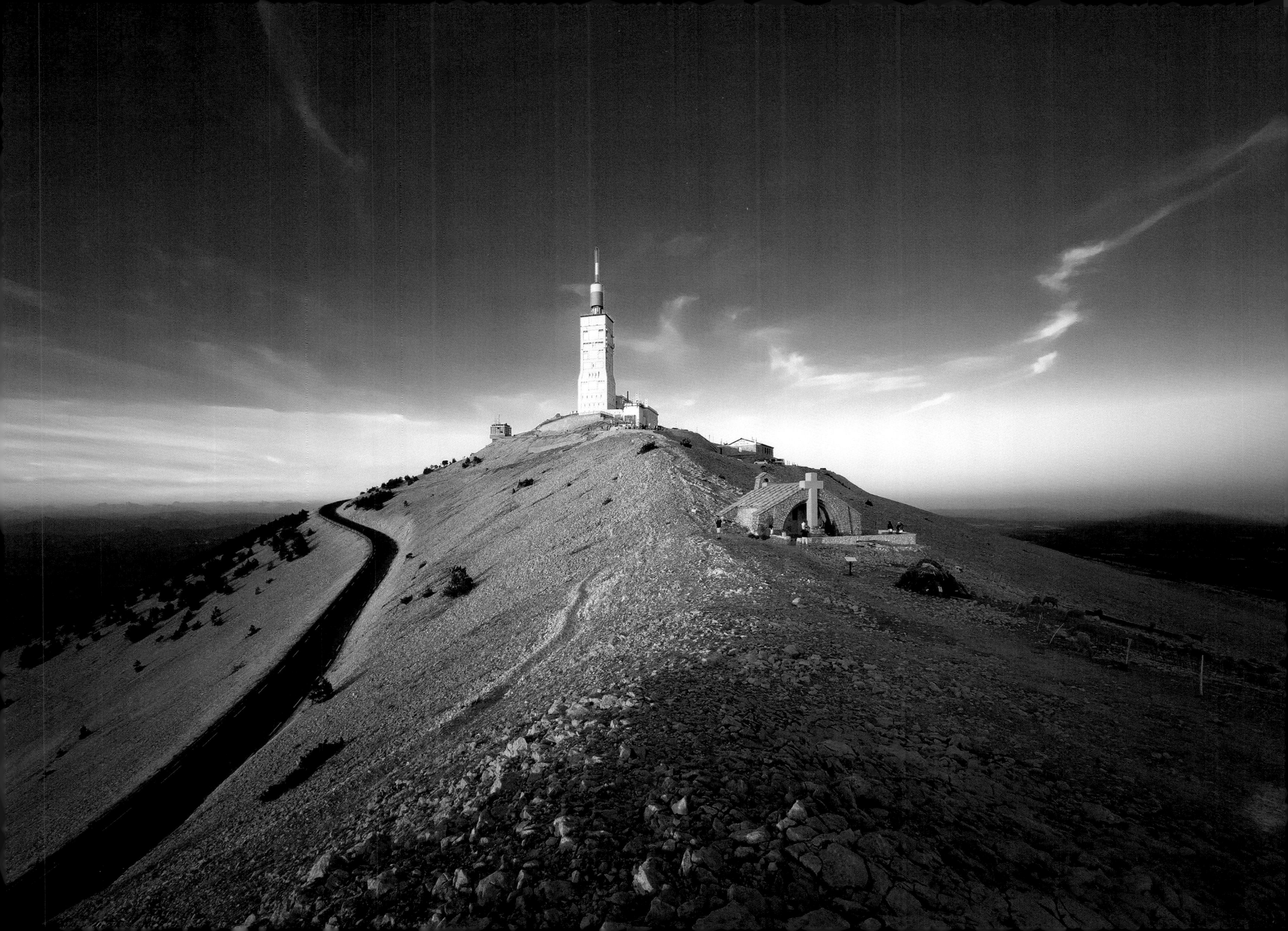

Le pont de Vaison-la-Romaine

D'un bout à l'autre,
Il y a un peu de soi.
Tantôt un soupir,
Du neuf,
Une voix.
Le pont,
L'office qui nous ouvre,
À la porte
D'être là.

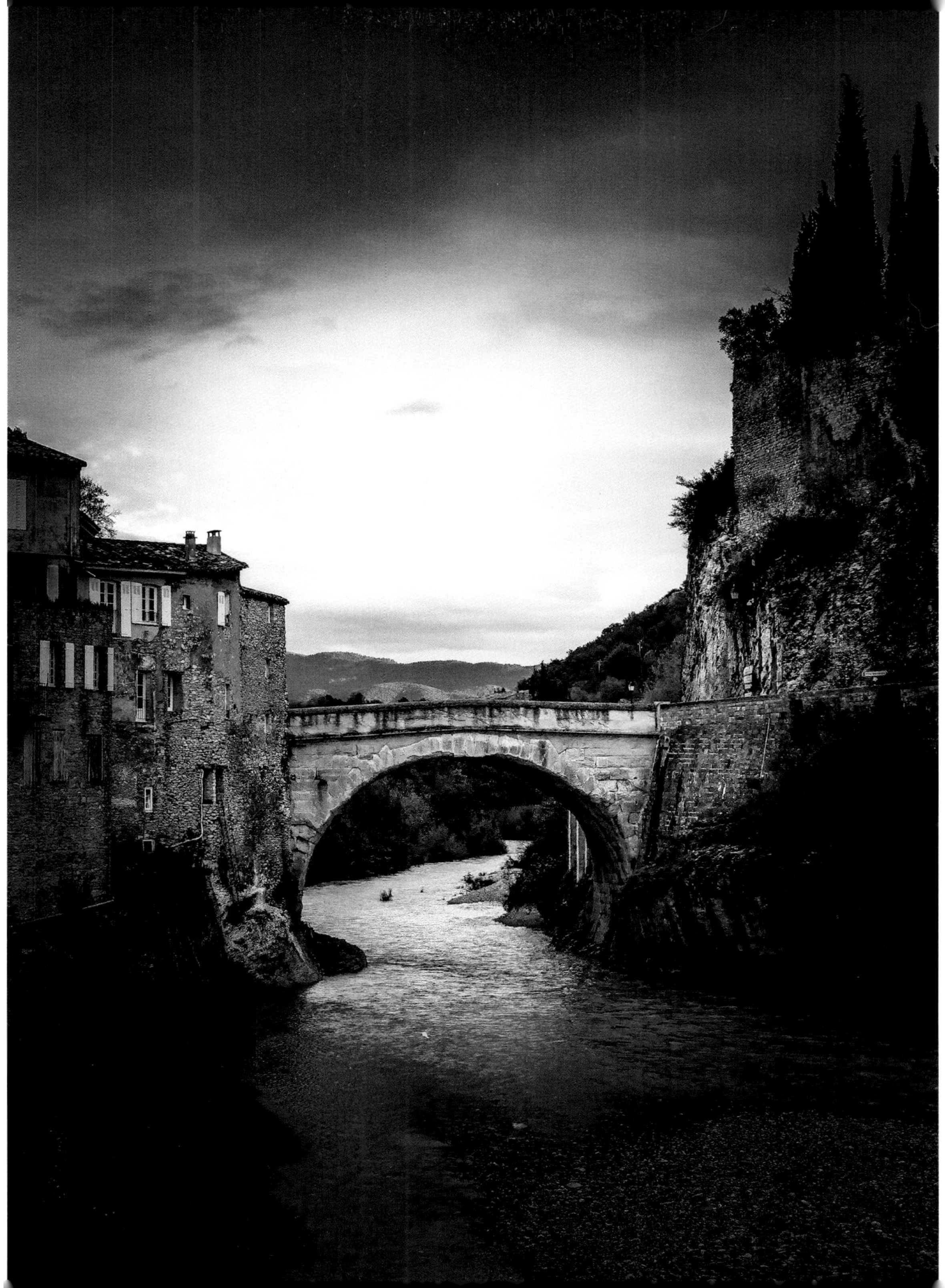

La voix du Ventoux

Dans la nuit, alors que la lune pleine éclairait les reliefs, un loup se mit à hurler. Je m'émerveillai comme pour la première fois de ce trésor. Ne pas voir, mais entendre sous un ciel de constellations l'antre de ce qui, pour le commun des mortels, semble être un mystère.
Quelle merveille !
C'était le mâle de la meute arrivée ici il y a un an. Il me sortit de mon demi-sommeil.
Je ne dors jamais pleinement. Je n'en ai pas besoin.
Lorsque chaque jour le soleil se couche, j'entre dans une paix profonde, et j'écoute. Je me laisse traverser comme un moine zen par la poésie du vivant.
Le jour est une chose, la nuit en est une autre.
Il y a la vie du jour, et la vie de la nuit.
Je voyage entre les deux inlassablement. La vie ne s'arrête jamais.
Je suis de ceux qui n'ont pas d'âge. Ma mémoire est intacte. Je me souviens d'hier et je sais déjà ce que sera demain.
Je peux parler aux cieux. Et entendre les plus profondes racines de la terre.
Ma silhouette se dessine depuis si longtemps déjà. Les saisons s'enchaînent à mes pieds comme les minutes d'une journée.
Et pourtant, je ne connais pas le goût d'aimer et d'être aimé.
Qu'est-ce qu'une étreinte ?
On me dit solitaire, majestueux et mystérieux.
Seul tel une sentinelle dressée, mes sensations naissent des empreintes de la nature manifeste.
D'ailleurs, quelque chose me titille…
Un Apollon — le papillon !
Il s'envole joliment.
La beauté est fugace. Elle sait être insaisissable. Et lorsque la lumière s'en mêle, elle est un reflet de la grâce.

Aujourd'hui est encore un très beau jour.
J'ai appris qu'il y a de beaux jours et de très beaux jours. Il y a les jours de pluie, et les jours de soleil. Il y a les jours nuageux, et ceux d'arc-en-ciel.
Aujourd'hui est un jour sans vent, avec un ciel d'un bleu profond où l'on pourrait voir voler des anges. Il me semble percevoir le battement de leurs ailes…
Il y a bien des années, l'un d'entre eux a laissé sur ma tête l'une de ses plumes. Exactement là où, en ce moment même, deux marcheurs s'avancent.
Toutes et tous pensent que je ne les vois pas, mais c'est faux.
Je les vois comme je vous parle. Et ressens chaque particule vivante de la même façon.
Il en est de même pour les animaux, les arbres, les fleurs… Je suis relié à eux comme à chacune et à chacun d'entre vous !
J'ai été créé ainsi. Et nous sommes tissés ainsi.
Et dans un silence abyssal, je vous écoute attentivement. Et parfois je ris, et parfois je pleure.
Je pleure à tant ressentir le sort que l'homme inflige à notre nature.
Asseyez-vous un instant, et posez-vous cette question : que puis-je faire autour de moi pour faire sourire ce Géant-là ?

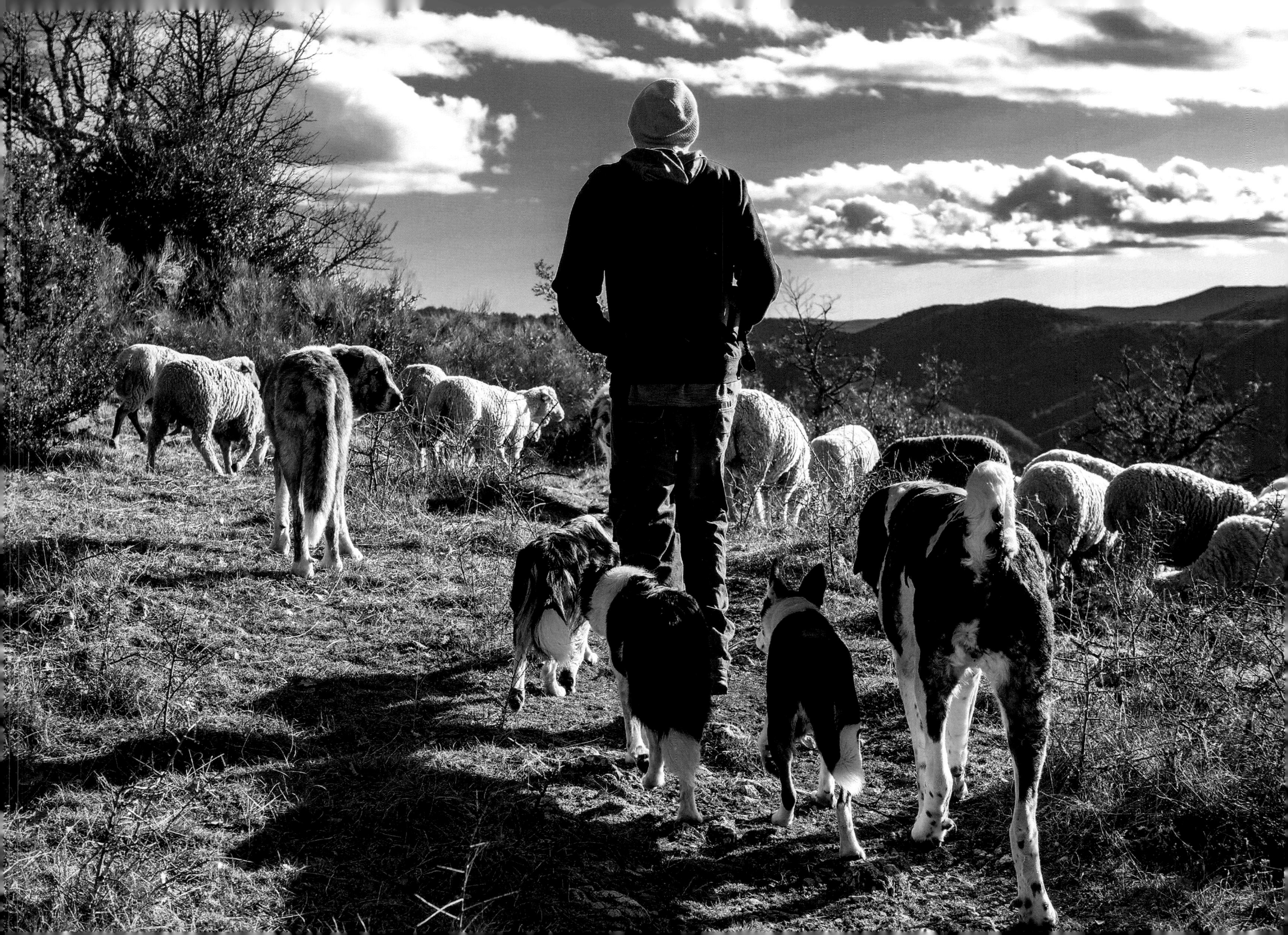

Berger de liberté

Il est un homme qui n'a besoin de rien
Dès lors que ce rien est infiniment plein
Où la passion s'est déliée de biens.
Il a pour compagnie des moutons,
Des chèvres et de bons chiens.
Il est cet homme qui chaque matin
Veille sur ses bêtes comme sur l'enfant dont il tient la main.
Il est l'homme aux valeurs ancestrales,
Pour qui la nature est un éternel canal.
Il conduit, déplace, mène, soigne
Chaque membre de son troupeau.
Il est berger par foi,
Et sa liberté est un sceau.

À la voix

À la voix du berger, le troupeau est animé,
Alors que le chien œuvre à les regrouper.

À la voix du berger, le chien est animé,
Alors que le troupeau peut se disperser.

À la voix du sommet, le berger est animé,
Alors que tous sont à ses pieds.

Il n'est point de secret pour le cœur disposé
À cette voix susurrée au jour de la Nativité.

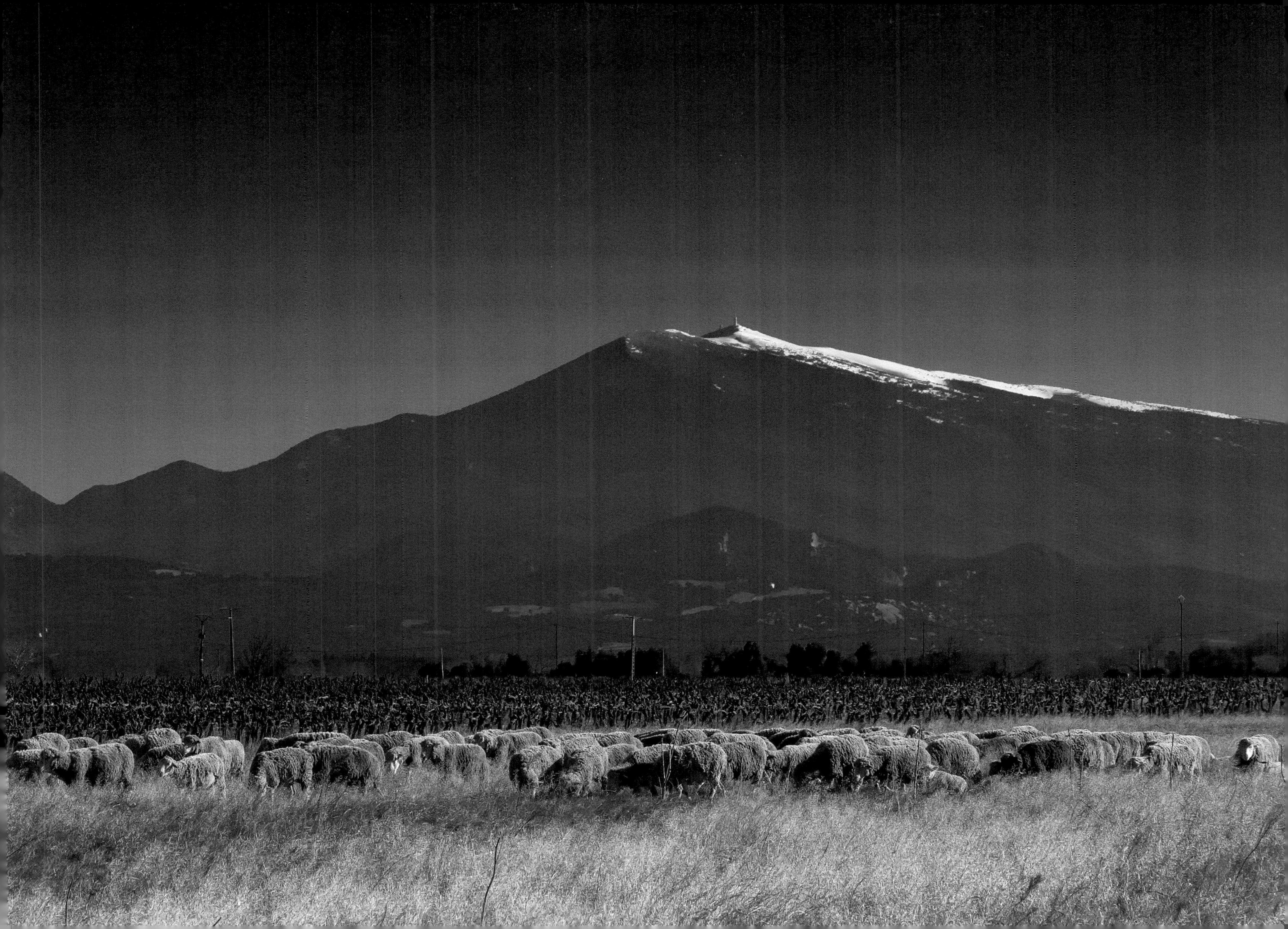

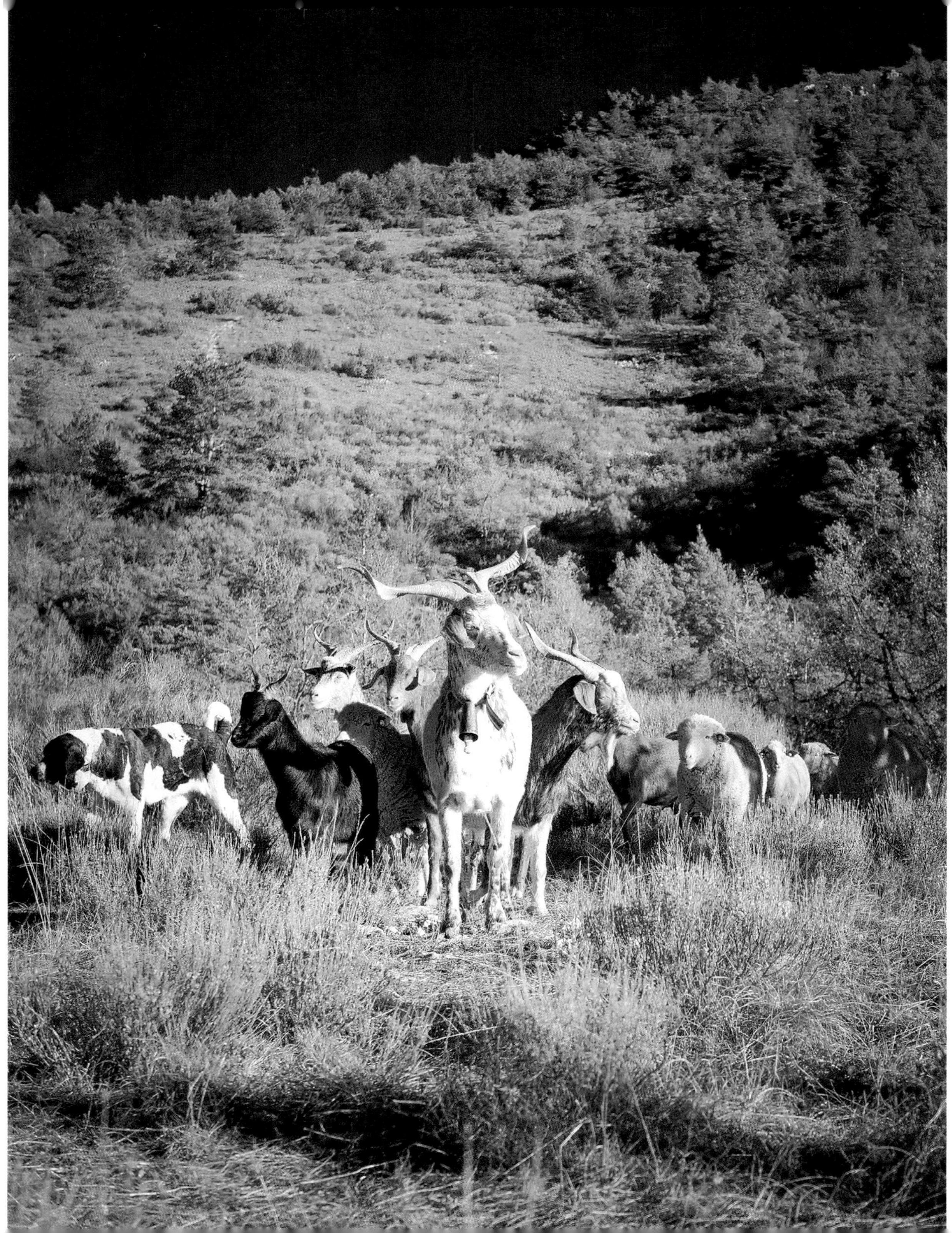

La meneuse de revue

Des cloches retentissent
Comme les douze coups d'un brigadier.
La troupe apparaît.
Une meneuse de revue est en tête.
Fière, elle arbore sa tunique blanche pailletée
Comme pour une première.
Au son de bèèèè, de mèèèè,
Elle cadence minutieusement la revue.
Une patte à droite, une patte à gauche,
Patte chassée, puis deux et trois.
Un coup de corne à la voisine
Qui broute avec combine,
Et sous un vent d'applaudissements,
Elles s'arrêtent net.
Soudain quelqu'un siffle dans l'assistance.
Ça s'agite, ça aboie.
Et tout ce petit monde sort de scène
Pour rentrer à la loge gardienne
Sur laquelle il est inscrit :
« Enclos de nuit ».
Le berger s'assure de la présence de chacune,
Dans l'espoir que le loup qui passe par là
Ne s'y attarde pas.

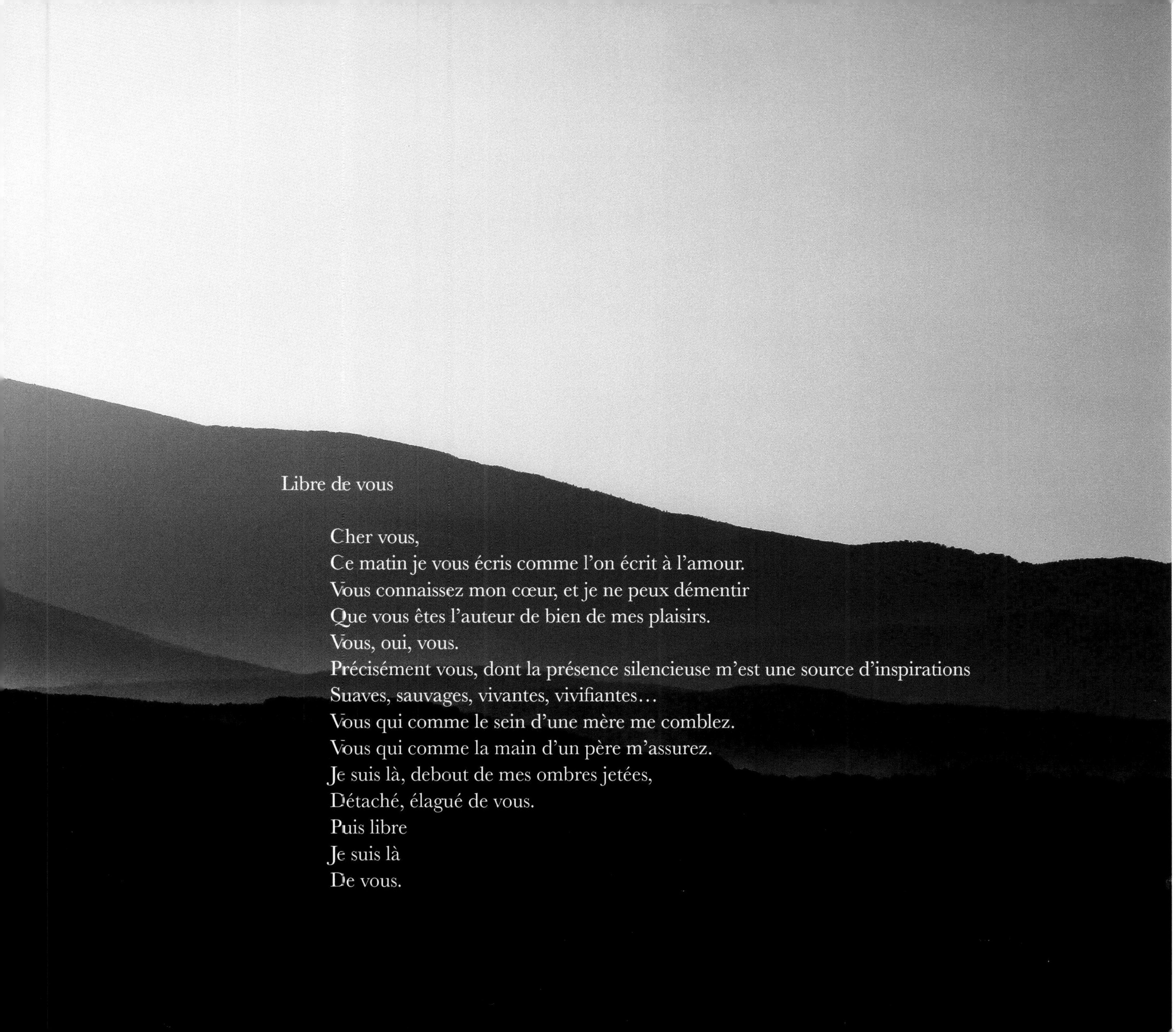

Libre de vous

Cher vous,
Ce matin je vous écris comme l'on écrit à l'amour.
Vous connaissez mon cœur, et je ne peux démentir
Que vous êtes l'auteur de bien de mes plaisirs.
Vous, oui, vous.
Précisément vous, dont la présence silencieuse m'est une source d'inspirations
Suaves, sauvages, vivantes, vivifiantes…
Vous qui comme le sein d'une mère me comblez.
Vous qui comme la main d'un père m'assurez.
Je suis là, debout de mes ombres jetées,
Détaché, élagué de vous.
Puis libre
Je suis là
De vous.

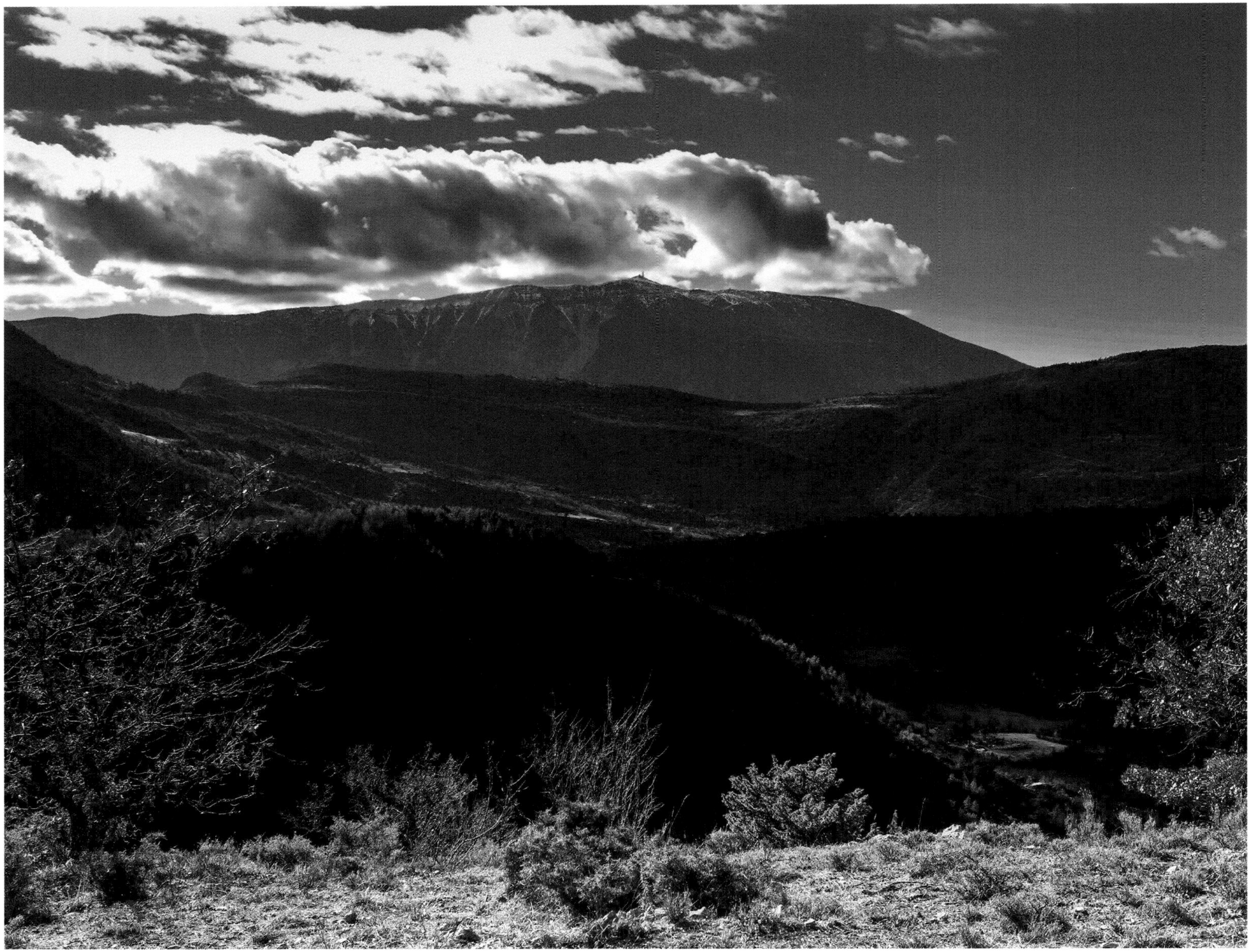

Face-à-face

Comme dans un miroir,
Je vois en toi
Ce qui est en moi.
Tu vois en moi
Ce qui est en toi.
La vie en face-à-face.
Comme dans un miroir,
Je suis toi,
Tu es moi.
Face-à-face.

Les sentinelles

Du milieu de l'hiver
La brume s'est levée,
Faisant des arbres en terre
Des sentinelles éclairées.

Leur silence est habité
D'un parfum de beauté
Qui nous aspire sans cesse,
D'une nature inégalée.

Elles sont là, dressées.
Nous regardent-elles passer ?
Leur présence révèle
Que l'arbre, en fait, est la forêt.

L'arbre, en fait, est la forêt.

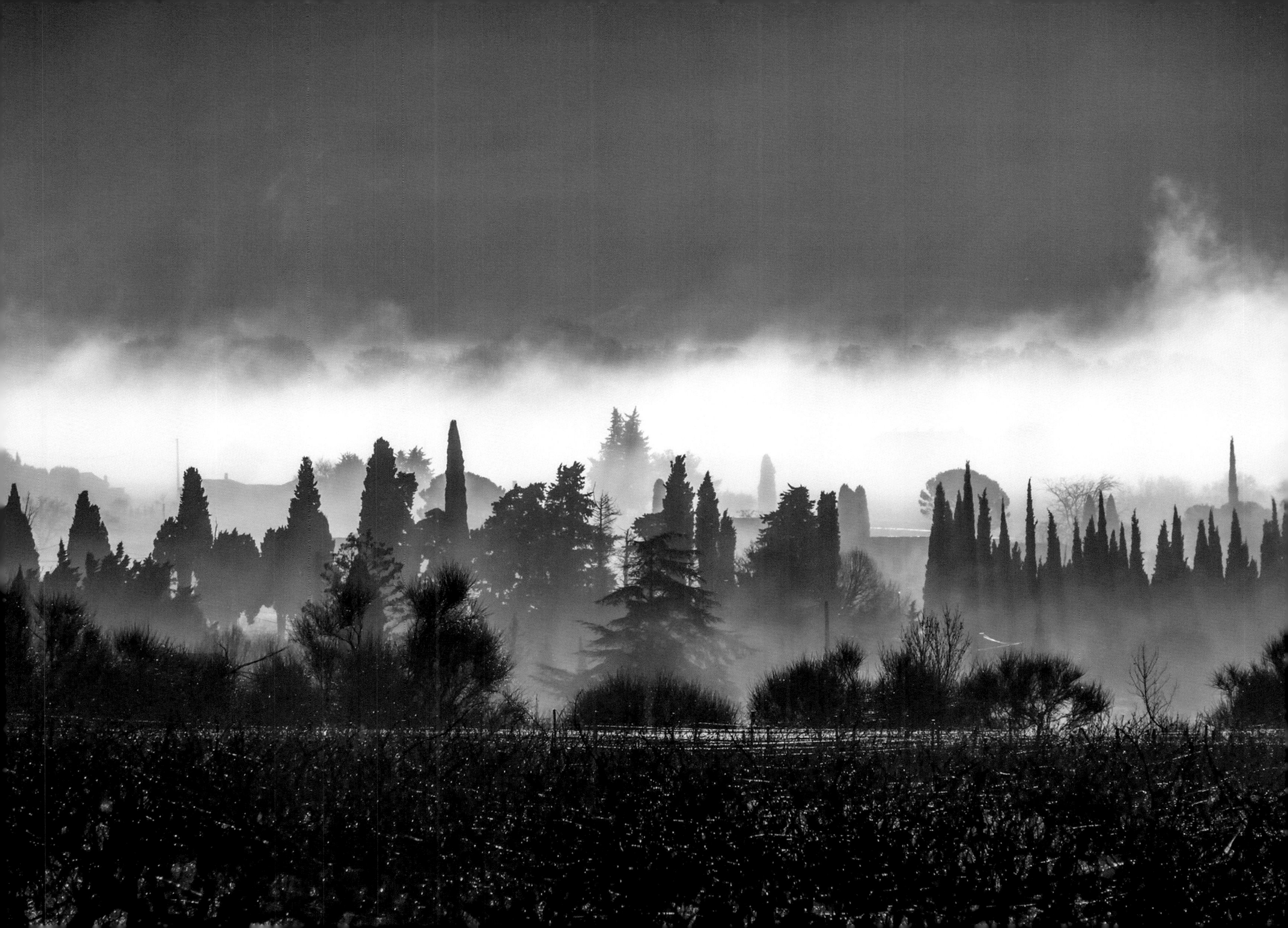

Je veille

Né pour aimer.
Je ne dors que d'une oreille.
Je veille.

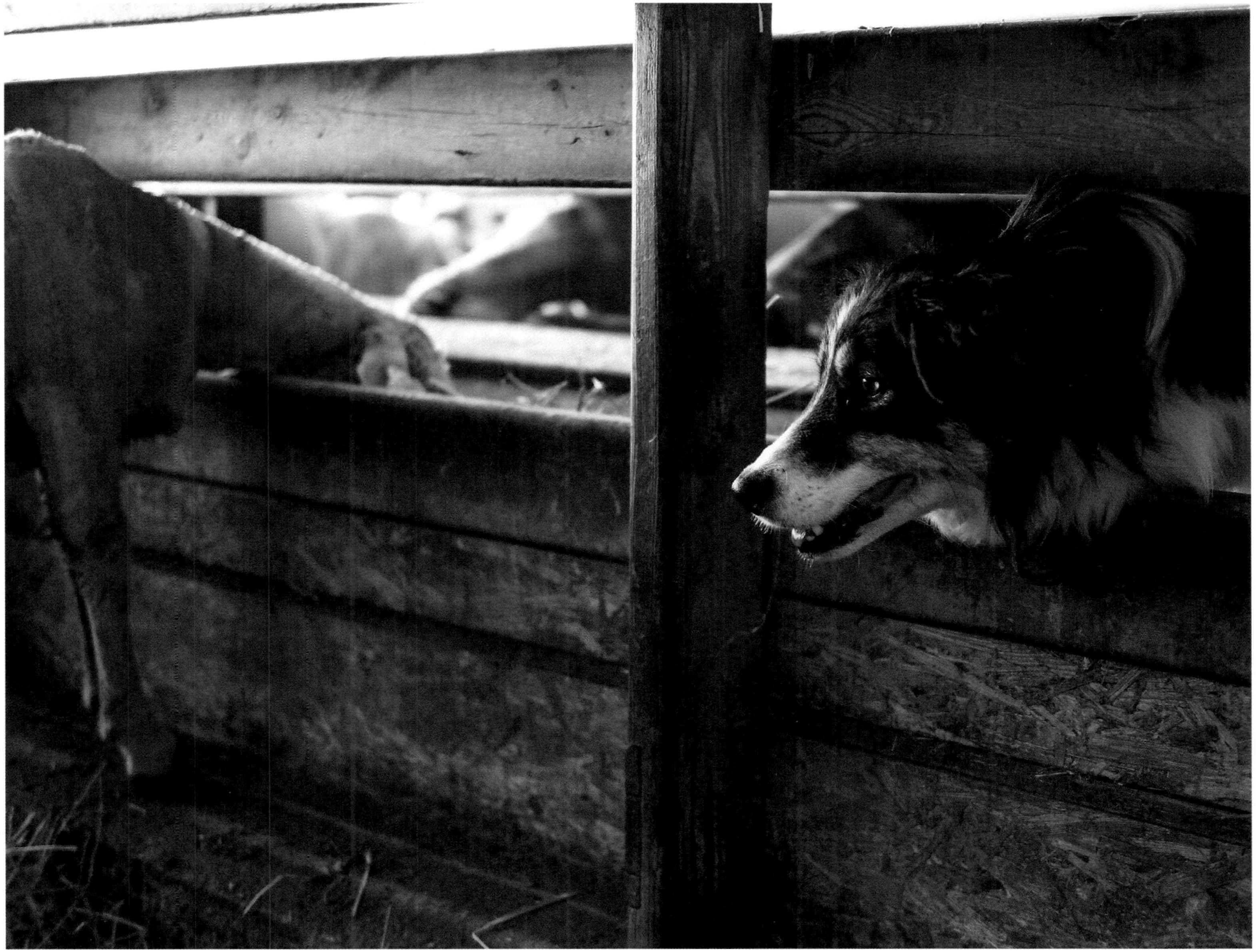

S’émerveiller

Je lève mes yeux vers le sommet.
Le ciel semble s’y déposer.

Ils ne font qu’un.

Quel est donc ce battement en mon cœur ?

Un oiseau chante, et se pose non loin.

Mon être est traversé par l’éternité soudaine.

Je pleure devant tant de beauté, qui inonde mon âme émerveillée.

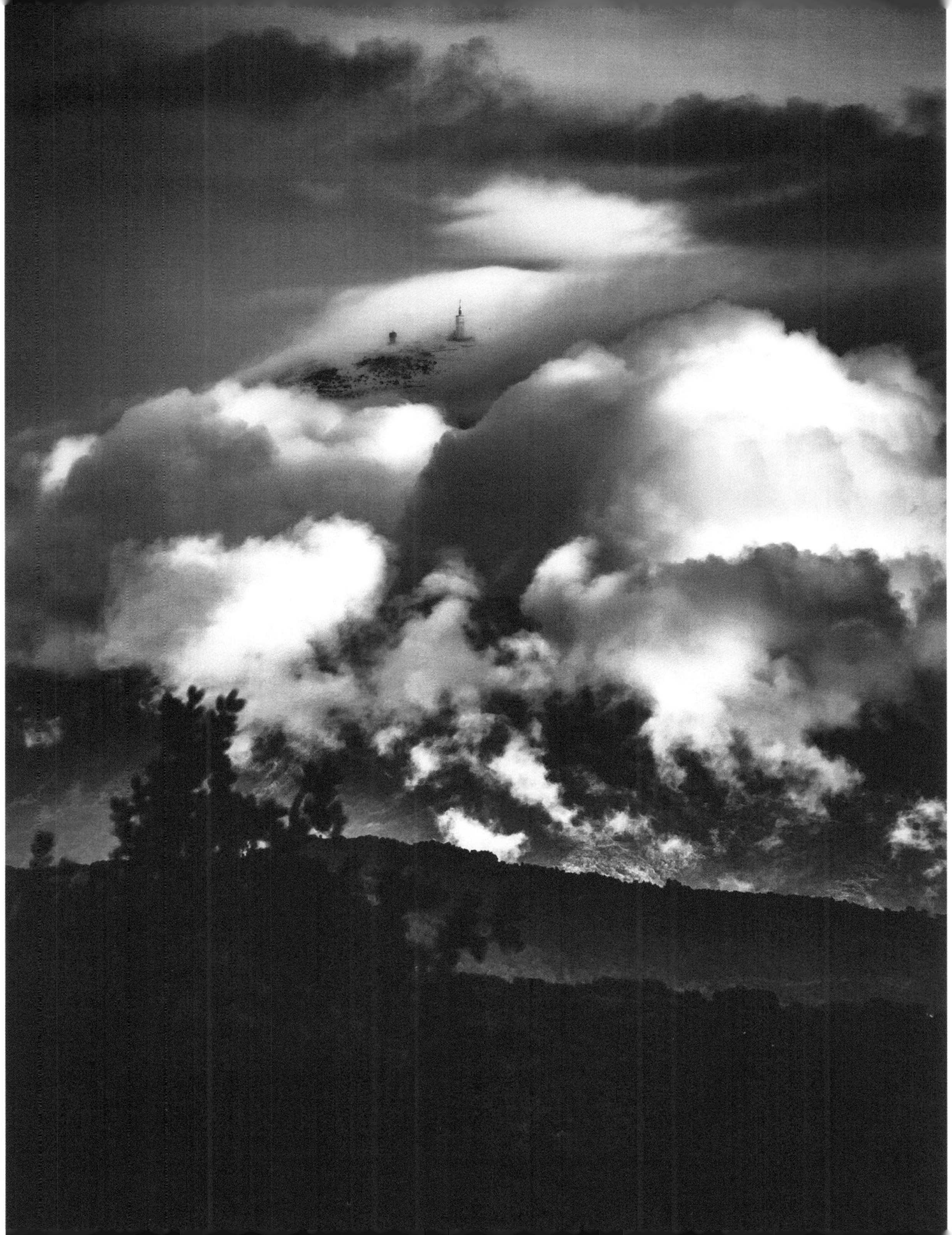

Fauve des airs

L'aurore dessine une ombre massive sur le sol rocheux.
Dans les airs, une colonie prospecte.
Ils planent, s'élèvent sans effort grâce aux courants aériens.
Des cercles vertueux se forment.
La veille perçante a commencé.
Ils tournent. Inlassablement, ils tournent.
Soudain, un cri d'alerte retentit dans le ciel.
L'un d'entre eux semble se lâcher dans le vide avec une vitesse à fendre la gravité.
Quelques centaines de mètres plus bas, un mouton a fait une chute fatale.
Comme une pluie furieuse, toutes et tous plongent dans cette direction.
Ils disparaissent.
L'histoire de la vie et de la mort se joue là.
La nature a ses droits…
Sauvages.

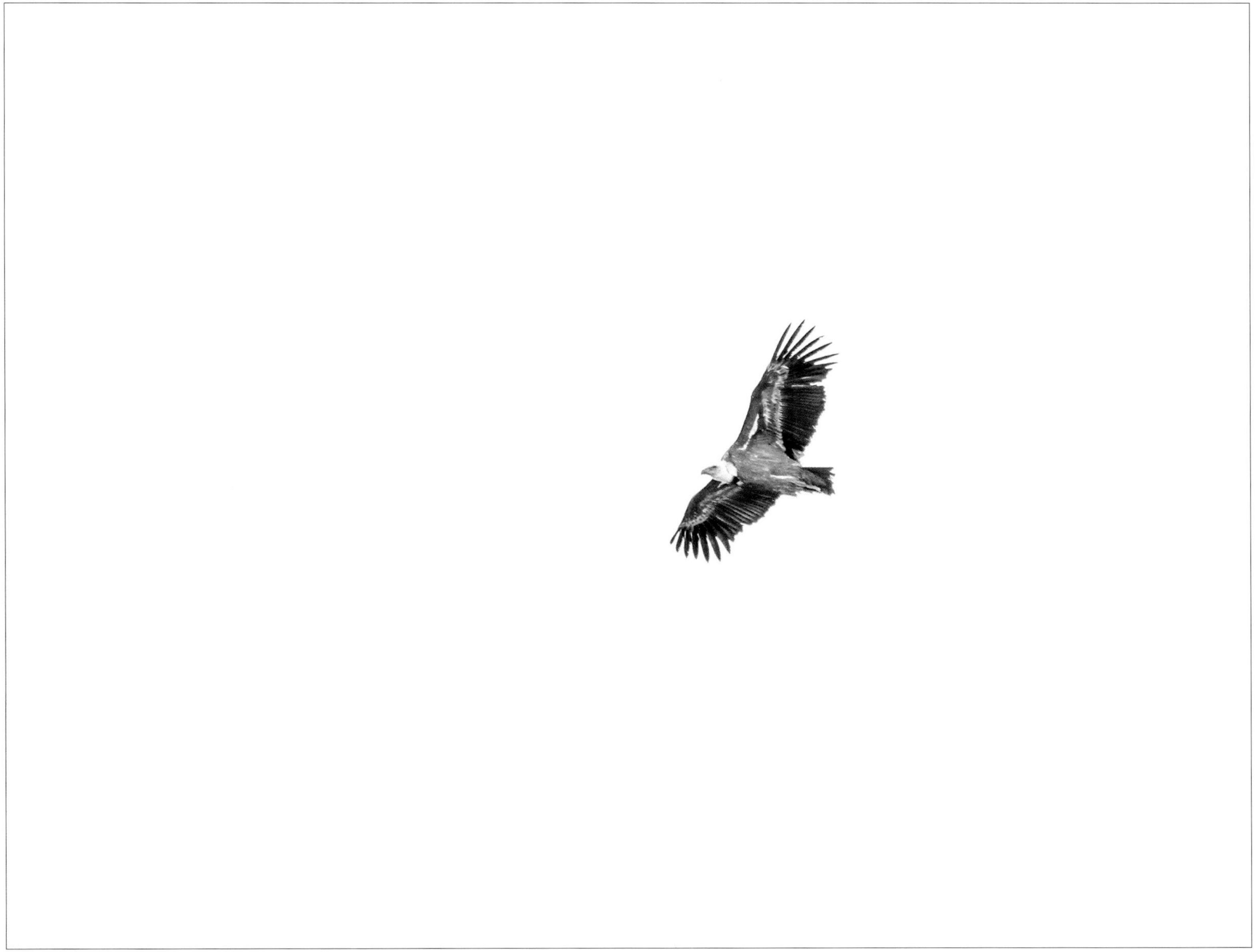

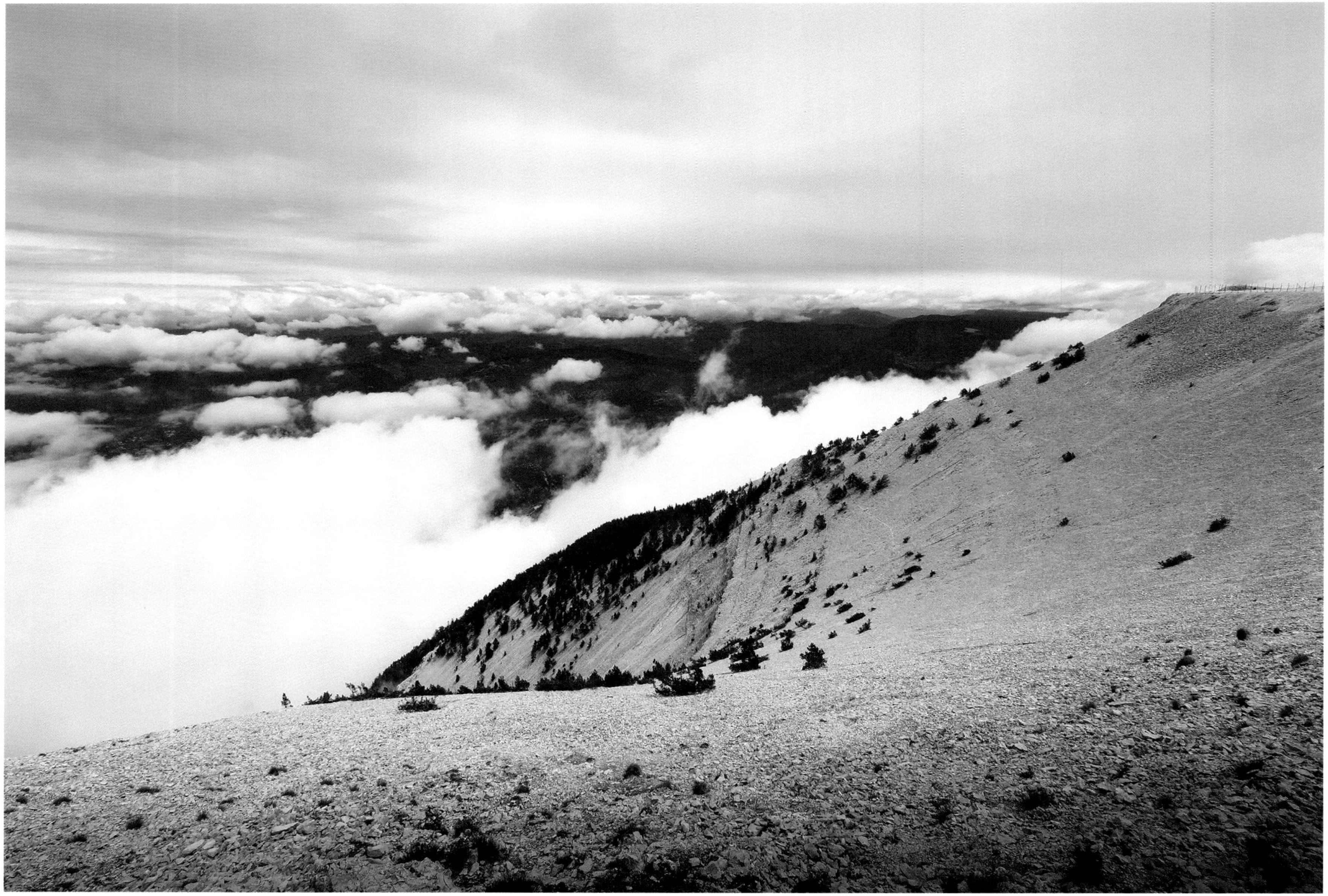

Songe printanier

Une nuit, dans la douceur de l'air, un oiseau singulier s'invita à la fenêtre de mon rêve.
Son chant faisait rayonner ses couleurs angélisées.
Plus il chantait, plus il brillait.
Les yeux rivés au ciel,
La question me traversa : est-ce une apparition divine ?
Magistral, il se posa au col dit « des Tempêtes ».
Et tel un spectacle éblouissant, ses notes se mirent à nuancer la palette du ciel.
Jaune, orange, rose, mauve… Les aquarelles célestes n'avaient point de secret pour ce songe printanier.
À travers le plumage royal, deux yeux en amande me fixèrent.
Incapable de bouger, je retins ma respiration…
Comme un éclair, une émotion sans fin me traversa.
Puis, porté dans les airs au souffle de son refrain, je découvris l'horizon lunaire
Qui comme un désert dévoile ses mystères.
L'aveu me gagna, nous ne sommes rien et tout à la fois.
Je me réveillai et me levai… lorsqu'un oiseau chanta.

Le dernier rayon

Dans un souffle,
Le ciel bleu azur
Va bientôt s'asseoir,
La vie s'affine,
Une nuit va se lever,
Il n'est pas si tard.

Le dernier rayon
Du soleil de l'automne,
Comme une feuille
Tombant du chêne,
La caresse,
Avant un au-revoir
Sur le fil de l'arête.

D'un pas de funambule,
La lumière embrasse
Au pied de la croix
La naissance du crépuscule.
Et l'on ouvre les bras
À l'horizon et au-delà.

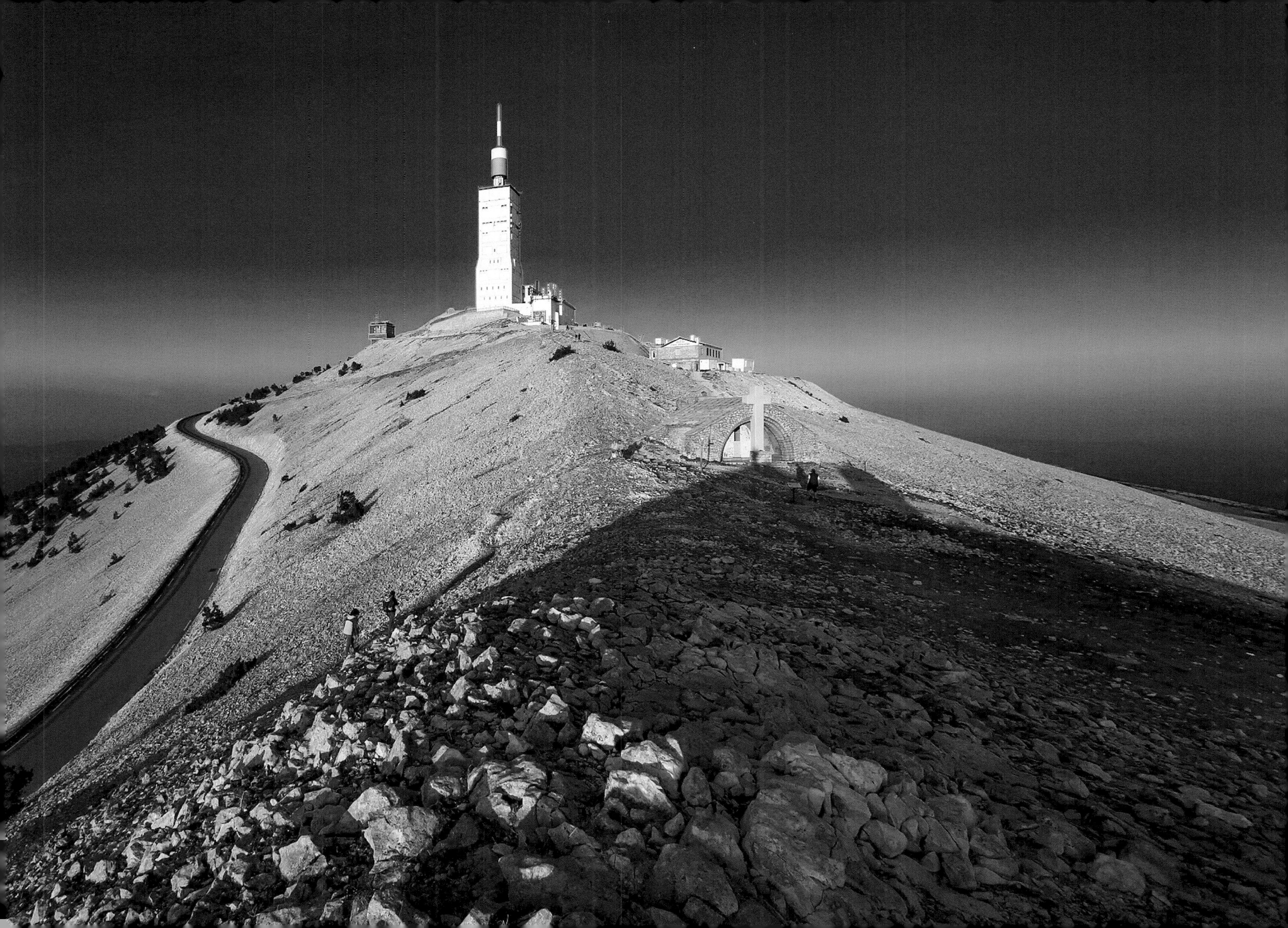

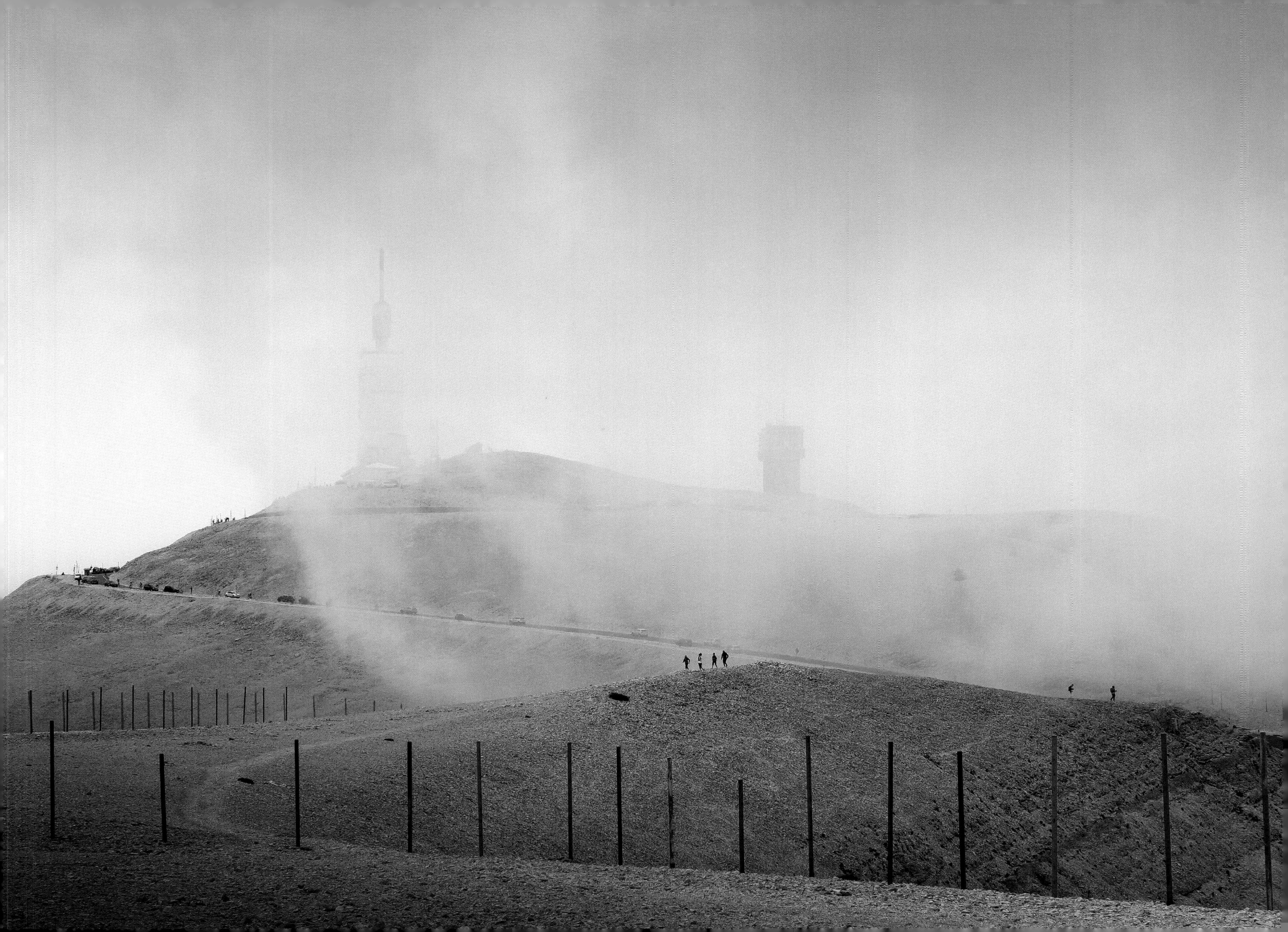

Si petits si grands

Un nuage blanc.
Nous sommes si petits si grands.
Tu t'effaces.

Seul avec soi

Dans la solitude de l'hiver,
Oublier le désert de l'envie.
Qui suis-je ?
Il n'est point d'arbre en terre
Qui ne saurait nous ternir.
La forêt chante,
Un merle prie,
La neige scintille.
Enivré de cette beauté,
La nature déshabille.
Tout est un,
Seul avec soi.

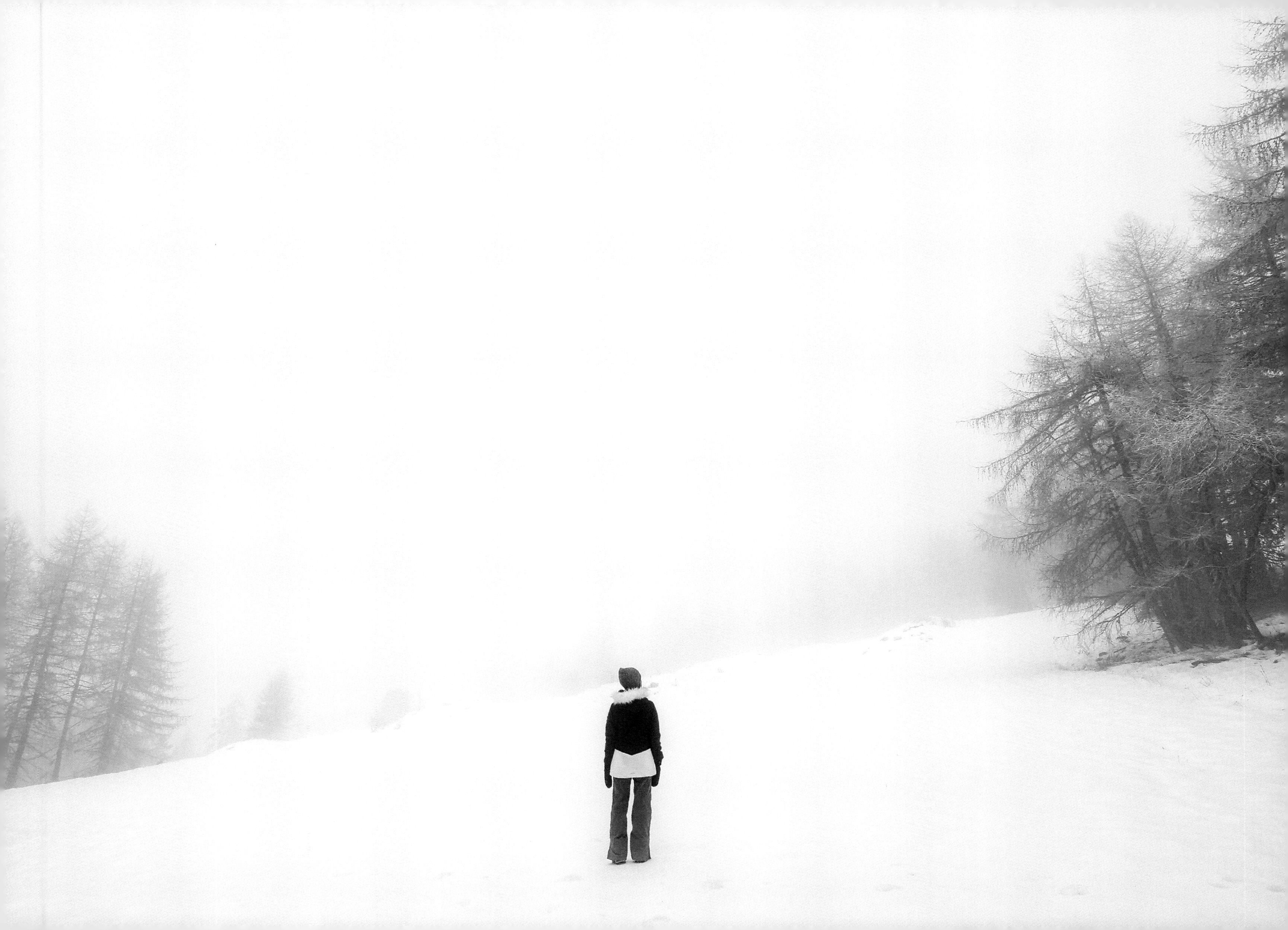

Silence

Elle se réveille,
Silence.
Et elle bâille,
Silence.
Puis s'extirpe de son lit,
Silence.
Elle s'étire,
Silence.
Le ciel la caresse,
Silence.
Elle danse,
Silence.
Il fait nuit,
Silence.
Puis elle danse encore,
Silence.
Ses yeux brillent,
Silence.
Le jour va bientôt se lever,
Silence.

Elle rêve…

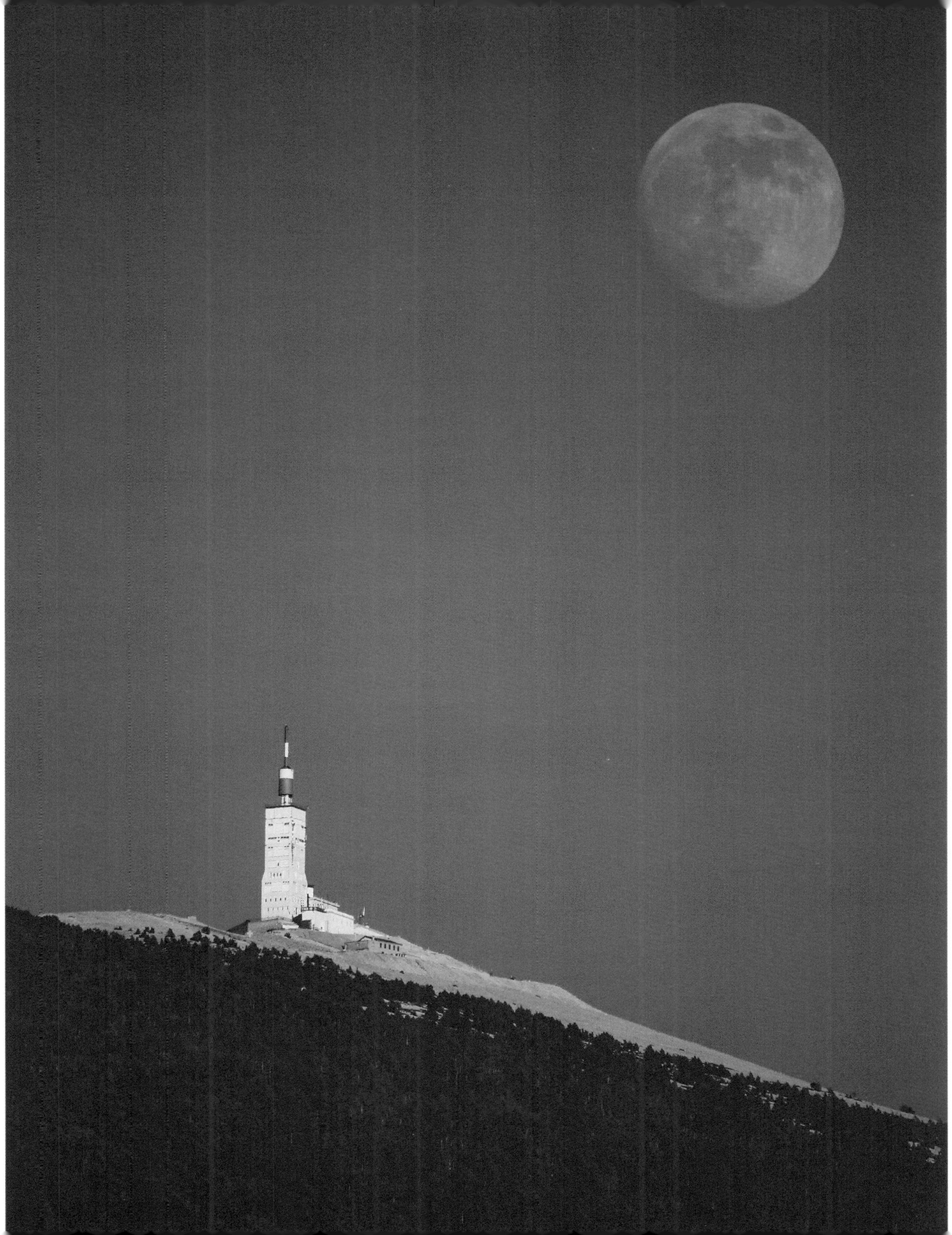

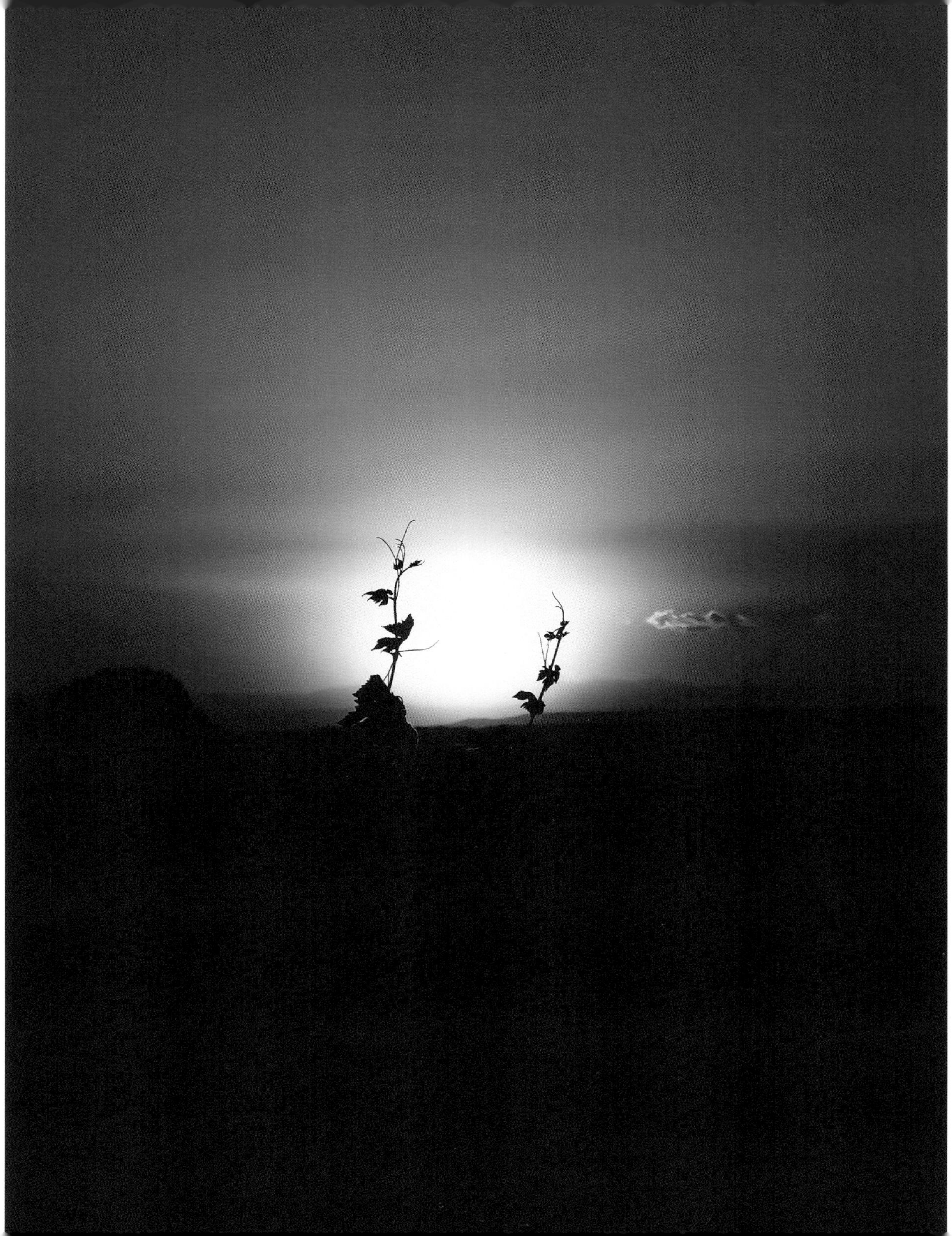

Se rencontrer

C'est dans le miroir de ton cœur
Que je me suis plongé,
Et dans une valse sans heures
Je me suis rencontré.

Effondré de mes torpeurs,
Mes larmes ne faisaient que couler.
Ta voix, ô ta voix,
Ta voix a résonné.

La peur s'en est allée.
Face à toi, éclairé,
Ma vie a basculé,
De tant de moi, « Je suis » est enfin né.

Se rencontrer de toi,
Là est la vérité.
Et enfin, je vis, oh oui, je vis,
Juste à tes côtés.

Orage

Éteindre la télé. Claquer la porte de la maison.
Les nerfs à vif, sauter dans la voiture.
Le temps est gris.
Je démarre. Les phares s'allument.
La radio informe, elle aussi, que la météo n'est pas bonne.
Elle continue de parler :
Un virus, une guerre, et déblatère et déblatère…
Saoulé, je passe la première.
Assurément il ne fait pas bon.
Le ciel gronde.
La route défile.
Je coupe le son et tourne les yeux.
Je te vois.
Avant l'orage, comme une prédilection,
Je prends ta direction.
Ça me rassure, dans ce tonnerre,
De te savoir sur cette terre.
Il pleut. Tu pleures. Je pleure. Nous pleurons.
Qu'ont-ils fait de ce temps où il faisait si bon ?!
J'y suis. La radio est silencieuse.
Je coupe le moteur.
Sors du véhicule.
Au-dessus de la bergerie,
Le ciel est tout juste dégagé, la lumière apparaît.
Un arc-en-ciel se fait.

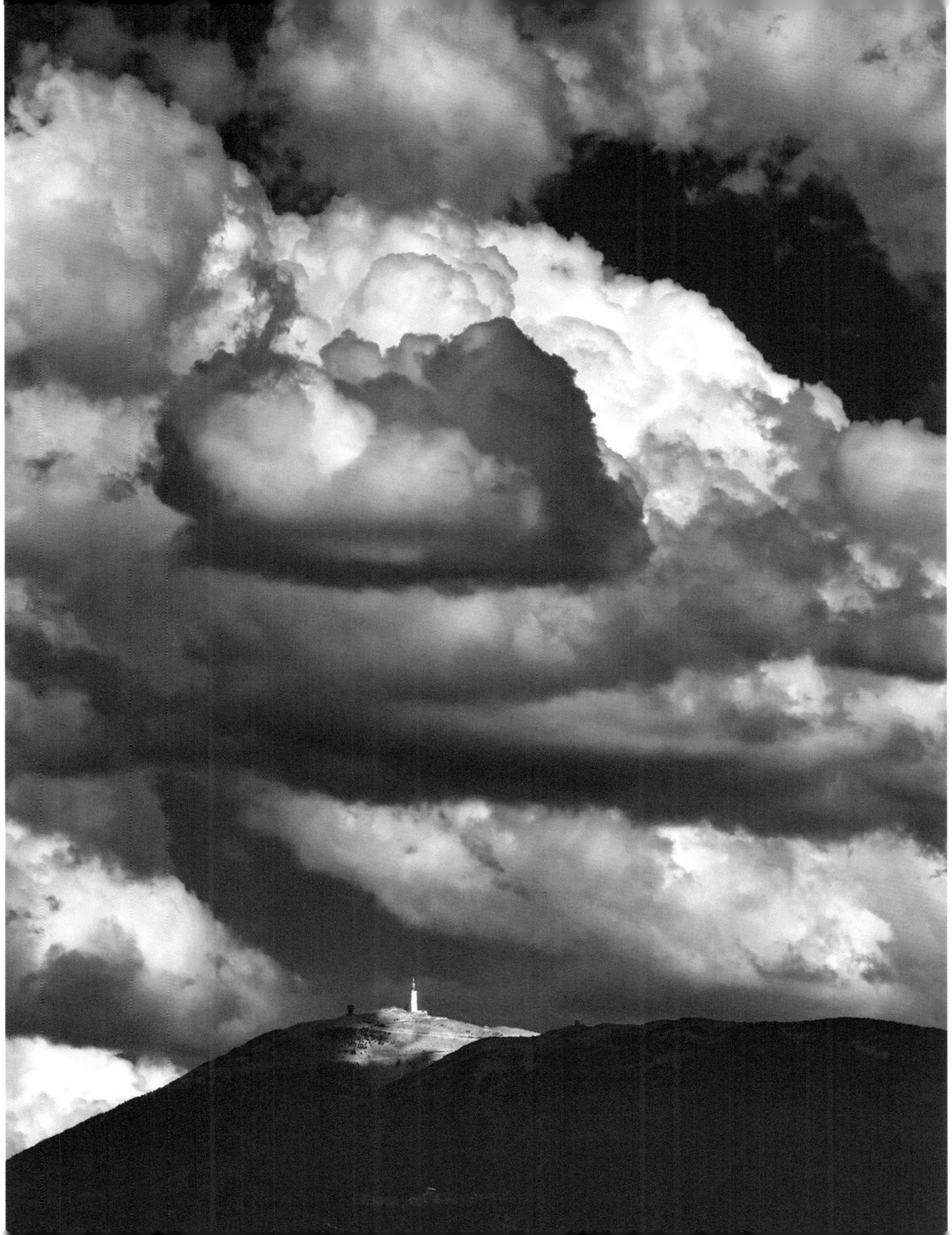

Au soir d'été

Dans la douceur des lampions, quatre platanes centenaires offrent à la place du village un air de guinguette.
Une brise tiède se faufile entre les feuilles des arbres.
Les délicats clapotis de l'eau de la fontaine s'envolent dans ce décor d'une parenthèse enchantée.

Un homme et une femme d'une soixantaine d'années sont assis à la terrasse du café. Mon regard se pose sur eux.
Entre deux gorgées de vin blanc, dans un élan, la femme se lève pour embrasser l'homme sur la joue, délicatement.
Puis, elle se rassoit, émue.
Émue lorsqu'on aime à l'avouer.
Émue d'être là et de le regarder.
Il sourit.
En silence, l'homme pose la main sur la main de la femme.
Elle sourit.
Ils semblent seuls, portés par une brise de reconnaissance.

Un instant plus tard, dans un rai de lumière, un oiseau s'est posé.
Ils ne sont plus là.

Ils ont laissé derrière eux leur parfum de tendresse.
Et c'est alors qu'à mon tour je souris tendrement au soir d'été.

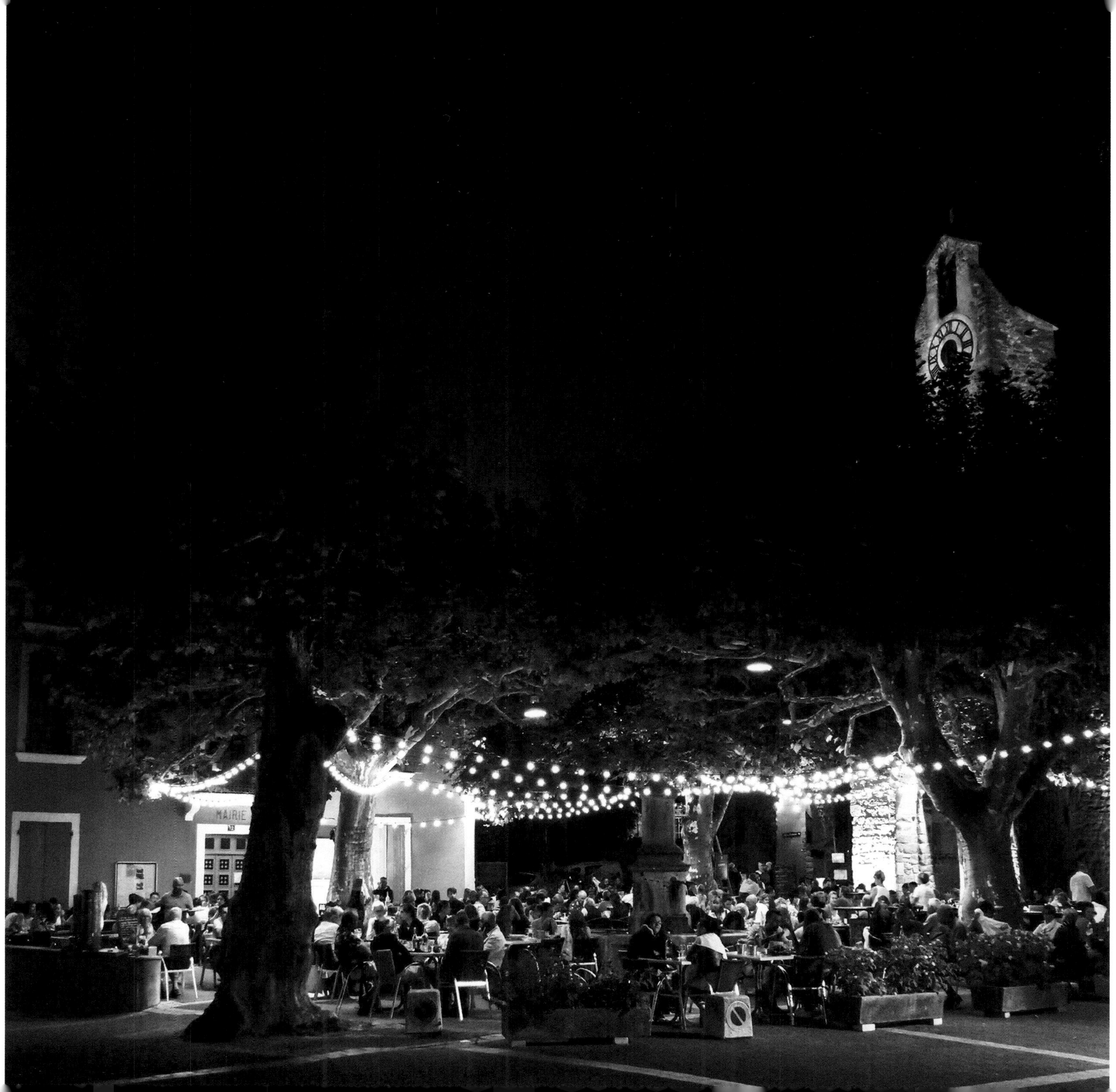
MAIRIE

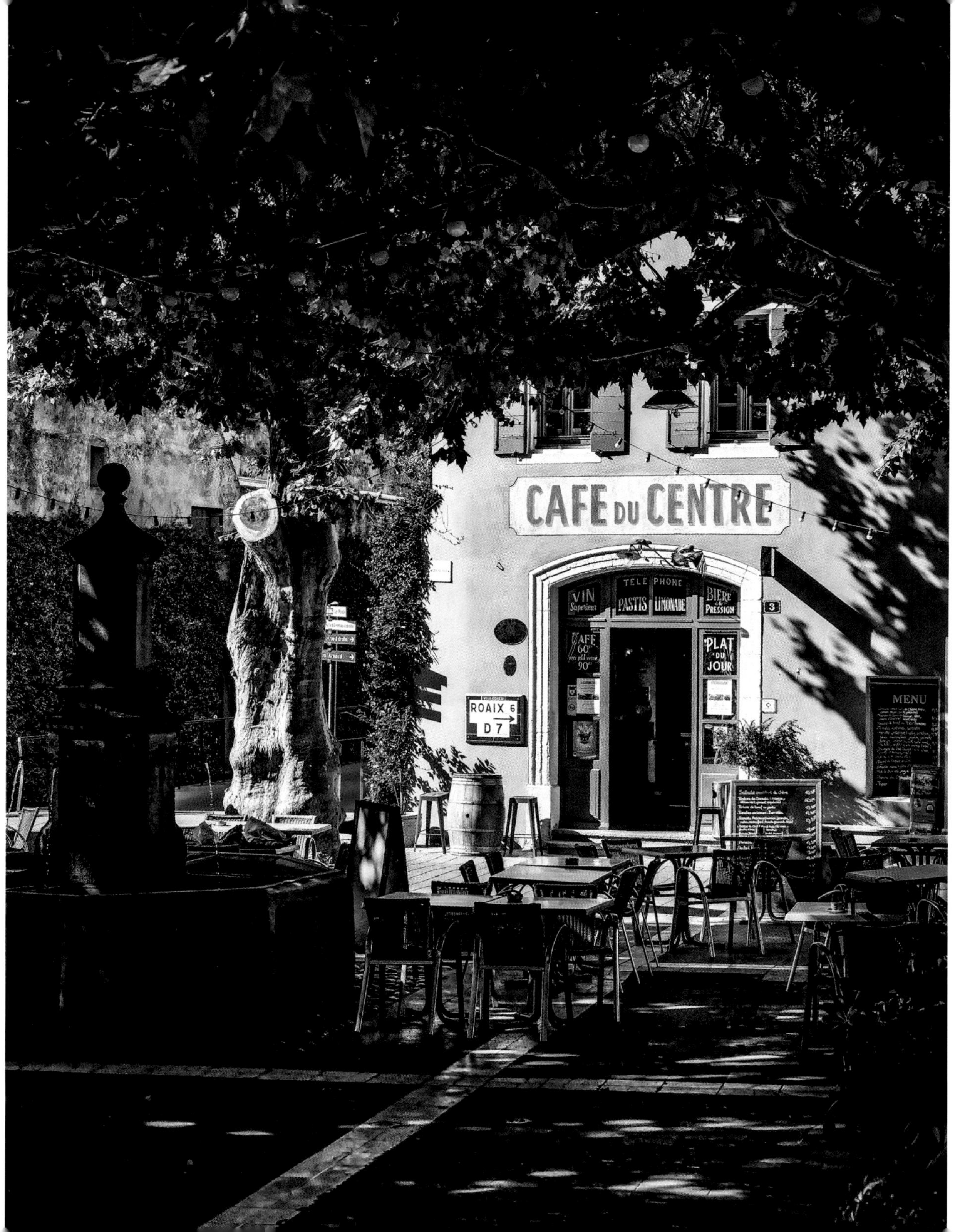
CAFE DU CENTRE
TELEPHONE
VIN
PASTIS
LIMONADE
BIERE PRESSION
3
PLAT DU JOUR
ROAIX 6
D7
MENU

Le Café du Centre

À l'ombre des platanes
La fontaine coule à flots
Le Café du Centre abreuve
La place de ses aficionados

Des voix locales en somme
Tantôt pagnolesques tourbillonnent
Le pastis à la cantonade
Ça foisonne !

Ô Provence authentique
Théâtre d'une douce météo
C'est un feu d'artifice addict
De Marcel et de ses numéros

Un château sur le roc

Recevoir la vie,
L'infuser en son cœur,
Puis la laisser être.

La maison semble
Un château sur le roc.

La pluie peut tomber,
Les torrents déborder,
Les vents souffler,
Elle ne va point vaciller.

Elle s'est fondée
Sur une parole d'éternité.

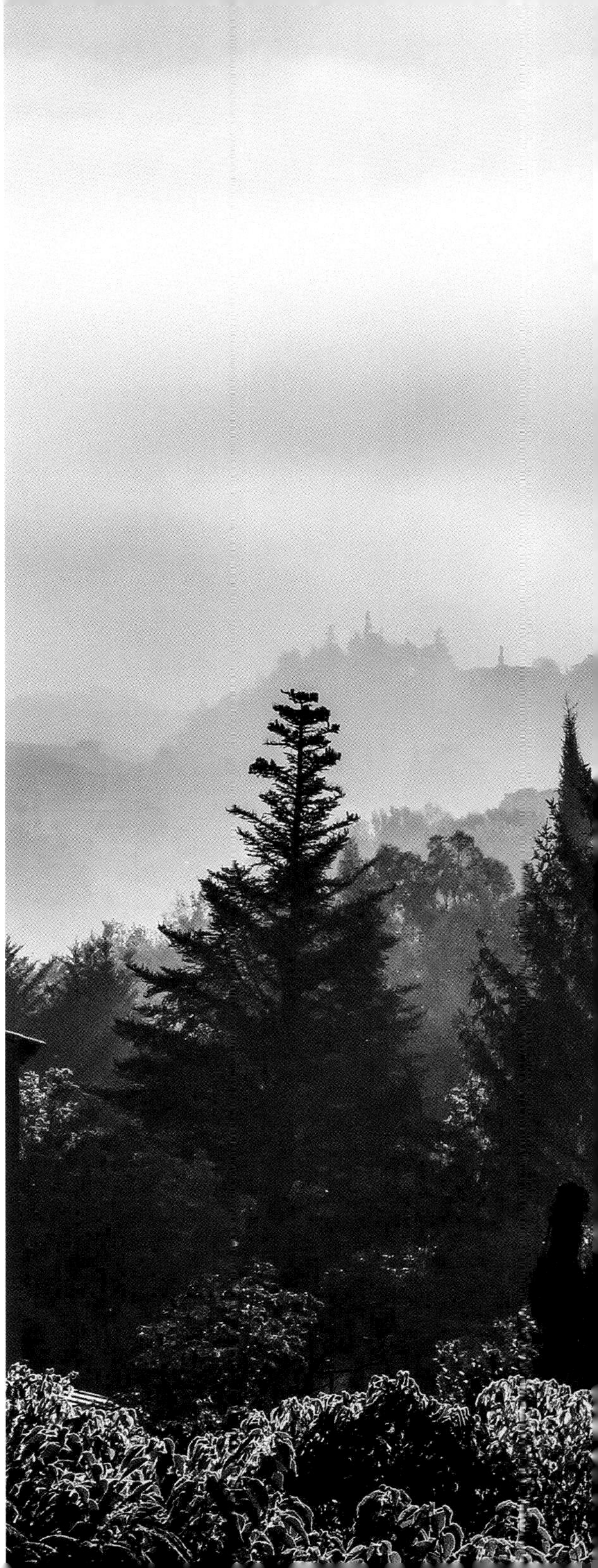

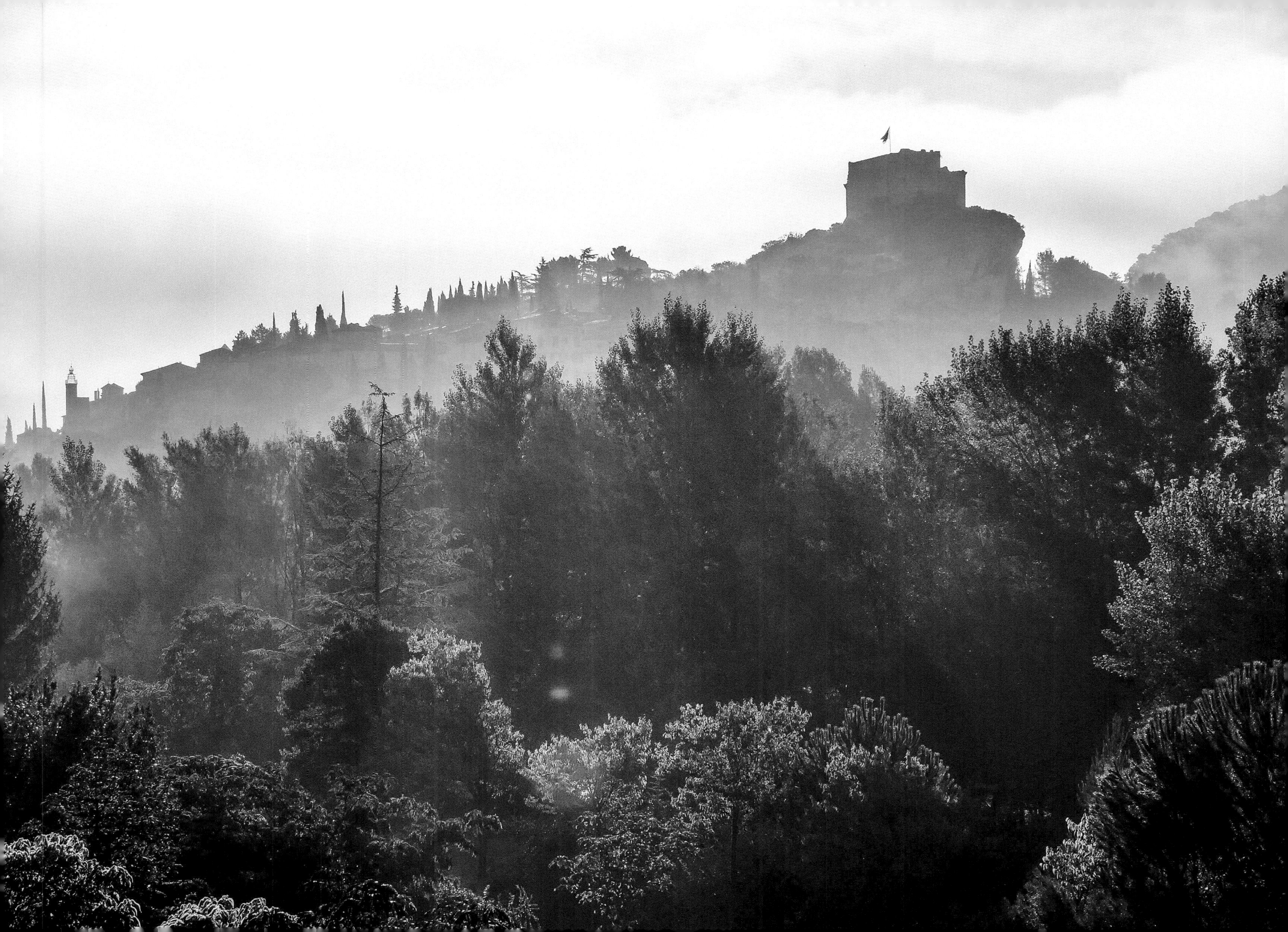

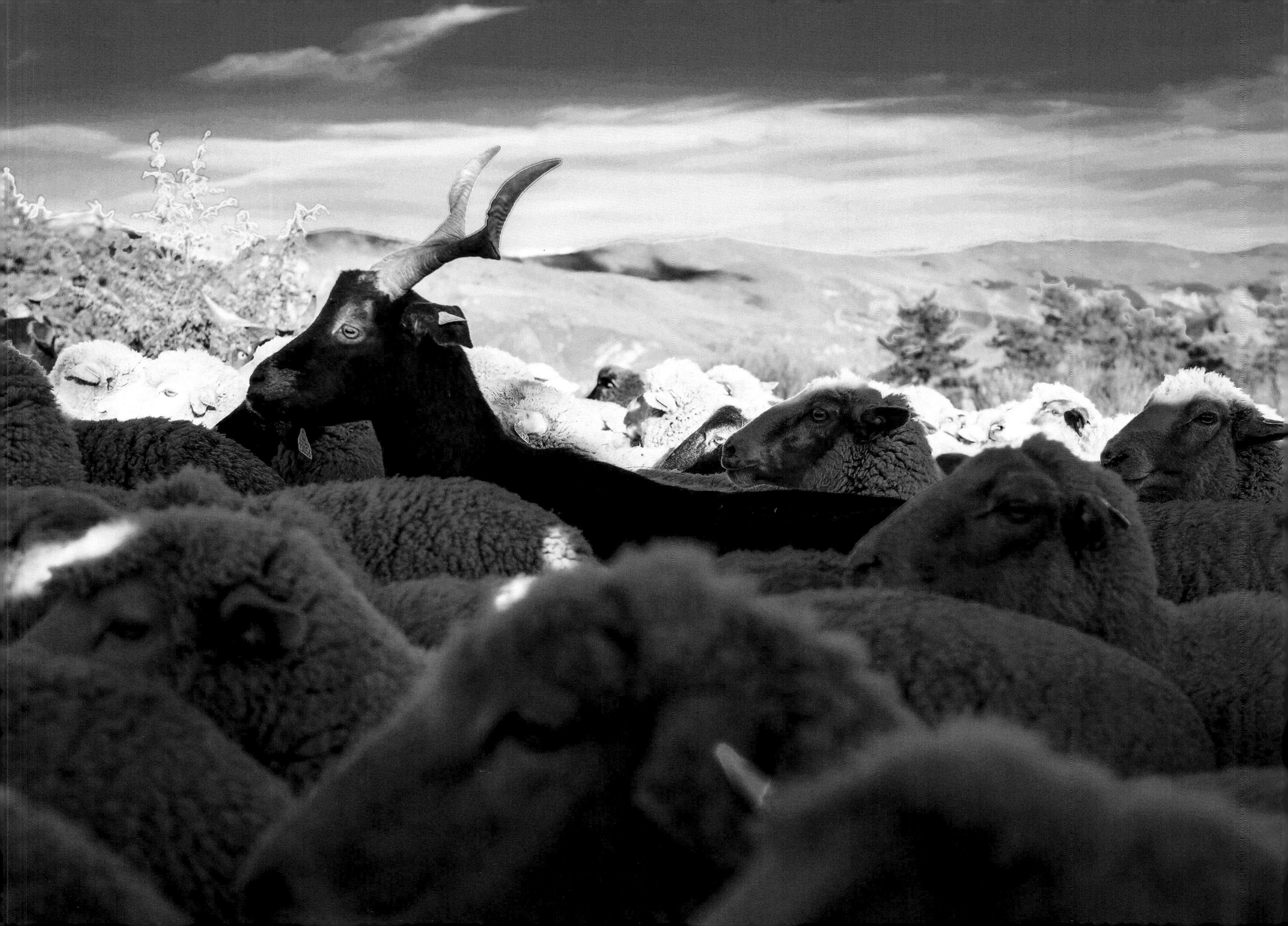

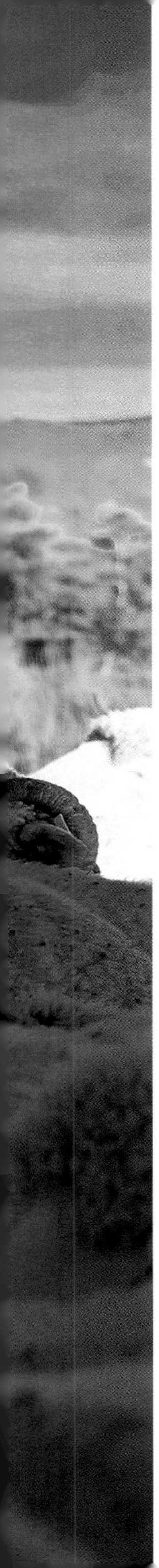

Retour au bercail

Des cloches, des bèèèèè, des mèèèè, des ouaf-ouaf, encore des cloches, et des bèèèè, des mèèèè et des ouaf-ouaf.
Ça se bouscule comme des sardines en direction de l'enclos. Ça tente même de se faire la malle, mais c'est vite remis au rang par des gardes qui aboient à tue-tête : retour au bercail !
Et des cloches, et des bèèèè et des mèèèè, c'est la musique de fin de journée pour un berger et son troupeau : ouaf-ouaf !

À la source de soi

Sur une place ombragée, un enfant est là. Il attend. Entre les feuilles de l'automne qui jonchent le sol, il a posé à ses pieds un cartable d'écolier. Le garçon a dans le regard le poids des rêves entassés dans son sac, la vertu du gentil, et l'étrange solitude du monde.

Il est là, comme s'il attendait un signe de l'existence. Un signe de la vie. Un signe de l'évidence.

Entre deux gouttes d'eau de la fontaine, un oiseau boit. Un vent léger fait virevolter quelques feuilles.

Je m'approche. L'enfant m'observe. L'oiseau s'envole.

À son niveau, je m'accroupis, bienveillant.

Sans un mot, nous nous regardons longuement. Et j'entrevois dans ses yeux la lumière d'un miroir ancestral.

Puis, il se cache le visage.

Je lui murmure alors d'une voix lointaine « N'aie pas peur. » Je lui tends la main, l'enfant que j'étais autrefois l'attrape.

Un rayon de lumière nous caresse le visage, me voici revenu à la source de soi.

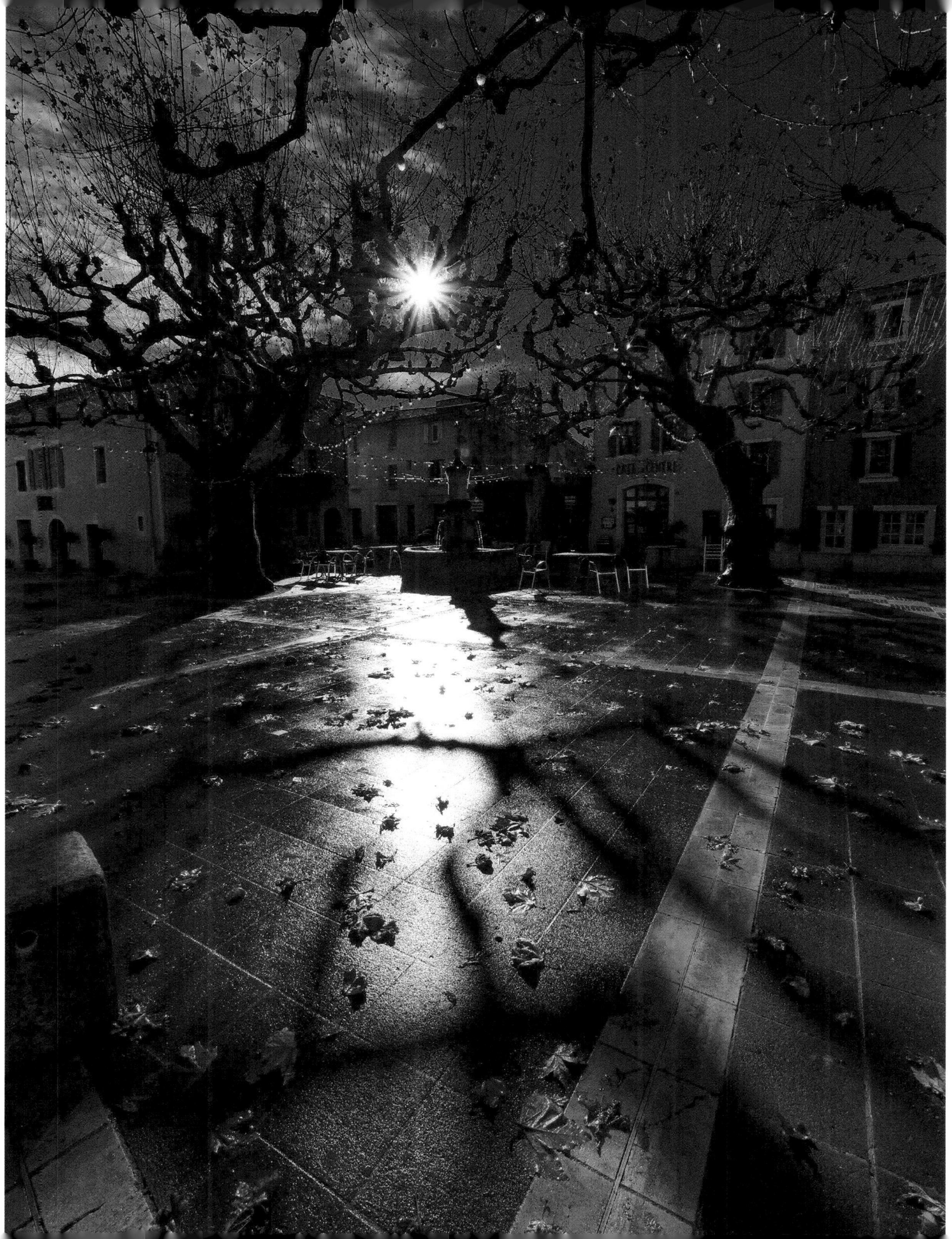

Le phare

Majestueux de splendeur
À chaque saison
Le Ventoux est ce phare
Qui nous invite
À lever les yeux
Vers son sommet
Duquel les cieux
Se sont rapprochés

« L'amour […] est un phare érigé pour toujours
Qui voit les ouragans sans jamais en trembler. »

William Shakespeare

Détail des prises de vue

Magnétique Ventoux : mont Ventoux, 12 juillet 2022
Le pont de Vaison-la-Romaine : Vaison-la-Romaine, 5 novembre 2019
La voix du Ventoux : mont Ventoux, 12 juillet 2022
Berger de liberté : La Roche-sur-le-Buis, 28 décembre 2022
À la voix : Orange, 26 janvier 2021
La meneuse de revue : La Roche-sur-le-Buis, 28 décembre 2022
Libre de vous : Villedieu, 19 août 2021
Face-à-face : La Roche-sur-le-Buis, 28 décembre 2022
Les sentinelles : Villedieu, 22 décembre 2020
Je veille : La Roche-sur-le-Buis, 19 mars 2023
S'émerveiller : Villedieu, 27 décembre 2021
Fauve des airs : Saint-May, rocher du Caire, 13 mars 2023
Songe printanier : mont Ventoux, 20 mai 2023
Le dernier rayon : mont Ventoux, 13 septembre 2020
Si petits si grands : mont Ventoux, 20 mai 2023
Seul avec soi : La Joue du Loup, 17 décembre 2022
Silence : Bédoin, 15 janvier 2022
Se rencontrer : Villedieu, 18 mai 2020
Orage : Villedieu, 25 juin 2022
Au soir d'été : Villedieu, 26 août 2021
Le café du Centre : Villedieu, 17 juillet 2020
Un château sur le roc : Vaison-la-Romaine, 5 octobre 2021
Retour au bercail : La Roche-sur-le-Buis, 28 décembre 2022
À la source de soi : Villedieu, 25 décembre 2021
Le phare : Villedieu, 15 mai 2020

Table des matières

FSC

Troisième tirage
Achevé d'imprimer en mai 2025
par Pixartprinting
Via 1° Maggio, 8
30020 Quarto d'Altino VE, Italie
pour le compte des Éditions des Offray
34, chemin du Rigagnon
84190 La Roque-Alric

Imprimé en Italie
Dépôt légal avril 2024